Щенок, ручка и игрушка:

Секрет абсолютного исцеления

Сарани Стампф
(Susan P. Stumpf, ПА, МАК)

© 2018 Сюзан П. Стампф

Все права защищены. Эта книга или ее части не могут воспроизводиться в любых формах, электронных или машинописных, без выраженного разрешения автора.

Гонорары автора, за вычетом налогов, будут регулярно пожертвованы в Ретритный центр Алмазной горы, Inc., 501(c)3 number 86-0959506, в благодарность за проводимые программы.

Ничто в этой книге не является рекомендацией для лечения частных болезней. Пожалуйста, продолжайте консультации с вашим лечащим врачом.

Иллюстрации от Вималы Спёрбер
Дизайн обложки любезно создан Кэти Фетч

Разметка разработана Ричардом Фенуик
Обложка разработана Лори Лайбером

ISBN: 978-0-578-43846-7

*Силой того, что любовь
состраданиe и мудрость создают рай на земле,
пусть польза от этой книги сотрет истории
заболеваний из нашего мира навсегда.*

Содержание

Ведение	3
Создание причин, которые создают желаемые результаты: Ментальные Семена	9
Ментальные Семена и 4 Закона	17
Четыре Цветка	23
Четыре Шага и 4 Силы	27
Обзор 4 Шагов	63
Избавление от Нежелательных Семян	69
Четыре Силы	71
Завершение: чем это может быть?	83

Тем, кто заботится о здоровье	85
Вопросы и ответы	91
А как же Бог?	101
Колофон	103
Программа для ежедневной практики	105
Дополнения	127
Рассказы о том, из чего что растет	143
Благодарности	175
О Сарани	177

Как замечательно, что никому не нужно ждать ни минуты, чтобы начать делать мир лучше.

Анна Франк

Введение

Я посвящаю эту книгу и благодарность всем моим талантливым и сострадательным учителям, которые поделились со мной путём к исцелению, путём к правде. Я хочу поделиться с вами самым важным из того, чему они меня научили, так, чтобы вы могли использовать это для мгновенной пользы, если вам этого захочется.

У меня часто болит голова, с переменной степенью тяжести. Мигрени, головные боли от мышечного давления и множество других видов боли. Что бы вы не назвали, это точно есть у меня. Головные боли продолжаются у меня уже более 20 лет; и другие боли - столько, сколько я могу себя помнить. Одни приводили меня в состояние, когда я не могла работать несколько дней, другие делали меня раздражительной и неприятной для окружающих. На самом деле, у меня голова болит даже сейчас, когда я, наконец, села писать вам.

Я думала о написании этой книги больше года. Но теперь мне стало понятно, что всю свою сознательную жизнь я собирала информацию и опыт, чтобы они воплотились в этом проекте.

Вы можете подумать: «Почему я должен слушать кого-то, кто еще сам страдает от головной боли, но пишет о 4 шагах к исцелению?» Моя всё ещё непрекращающаяся головная боль и все физические недуги, с которыми я продолжаю жить, являются главными причинами, почему я пишу эту книгу. Чтобы понять, что я имею ввиду, придётся прочитать всю книгу. Я нисколько не стану осуждать вас, если вы решите выбросить книгу на этом месте, хотя я прошу вас отдать её вместо того, чтобы выбрасывать. Но я подозреваю, что у вас есть какая-нибудь проблема, которая вам не даёт покоя и которую вы бы хотели решить, и что эта книга не оказалась у вас чисто случайно. Итак, я хочу вдохновить вас на то, чтобы проявить своё любопытство и непредвзятость, размышляя над тем, чем я хочу поделиться с вами. И затем я призываю вас попробовать то, что вам здесь предлагается прежде, чем вы вынесете своё суждение. Если вы преуспеете в применении этого, вы приобретёте жизненный навык, который спасёт вас и поможет спасти всех ваших знакомых самым невероятным образом. Я призываю вас овладеть им и потом научить остальных. На самом деле, вы увидите, что для того, чтобы этим овладеть, вам нужно этим поделиться. Вот, почему я пишу эту книгу - я делюсь этим умением, чтобы овладеть им, и делая это, я действительно положу конец всем головным болям, страданиям и болезням, включая мою собственную.

Понимаете? Наверное, ещё нет.

Предыстория

Карьерой моей жизни была работа сертифицированным помощником врача в медицине неотложной помощи. Теперь я на пенсии. Большую часть своей карьеры я работала с прогрессивно мыслящими докторами, которые поощряли и поддерживали меня в получении дальнейших тренингов по альтернативным методам исцеления. Я изучила акупунктуру, в частности, фокусируясь на японском методе диагностической меридианной терапии Хара. Я изучила гомеопатию, релаксирующие техники, некоторые формы работы с тонким телом и десенсибилизацию реакционной способности окружающей среды. Моя практика медицинской помощи включала помощь с хронической болью, опираясь, в основном, на акупунктуру как основное терапевтическое средство. Я нашла её исключительно эффективной, за исключением случаев, когда я попробовала это для себя. Любопытно, что акупунктура, как оказалось, на мне не работает так уж хорошо. На самом деле, большинство этих методов я изучила, конечно, чтобы помочь другим. Но в процессе я пробовала их на себе. Иногда я получала небольшие результаты, но в основном мои боли продолжались. Тем не менее, многие люди хорошо реагировали на эти же методы, хотя не каждый из них помогает всем.

Почему так? Если эти методы лечения являются настоящими причинами исцеления, не должны ли они работать всегда? И если они не всегда работают, тогда как мы можем на них полагаться для исцеления? Выбор лечения становится чем-то вроде: попал-не попал; возможно, управляемый некоторым интеллектуальным угадыванием. Очень ободряет, когда попадаешь правильно и видишь, как кто-то разрешает свою проблему. Даже тогда, в моём многолетнем опыте, у клиентов обнаружилась бы какая-то другая проблема со здоровьем, которая бы либо положительно ответила на наш выбранный метод лечения, либо нет.

И я задумалась: существует ли способ, чтобы исцелиться по-настоящему? Неужели для кого-то невозможно прожить свою жизнь без хронической боли или хронического заболевания? Простуды и вывихнутые лодыжки, время от времени, - куда ни шло. Но так много людей страдают от чего-то мучительного постоянно. Так должно быть? Почему я не могу им помочь? Почему я не могу точно знать, какой метод будет работать для каждого человека? Разве нет чего-то, что всегда будет работать?

Думаю, что это было именно то стремление в моём сердце, которое привело моих духовных учителей в мою жизнь. Примерно за пятнадцать лет, они открыли мне метод мысли и поведения, который является ответом на мои вопросы. Это не что-то, что они придумали. Это идёт из древних писаний и непрерывной линии учителей. Тем не менее, метод и его применение не уникальны для любой данной традиции. Его можно легко модифицировать, чтобы он подошёл для вашей религиозной традиции или же отсутствию религиозных традиций. Потому что для функционирования причин и их результатов, религиозные убеждения не нужны, и это то, с чем мы работаем.

Основные предположения

Начнём с нескольких основных предположений. Пожалуйста, не принимайте их на веру. Тщательно обдумайте их. Если вы не можете согласиться с ними или с логическим выводом, который возникает из них, то не беспокойте себя оставшейся частью этой книги. Отдайте её. Но когда вы будете это делать, я предлагаю вам сказать этому человеку: «Я надеюсь, что эта книга сможет вам помочь». Потому что при этом рано или поздно у вас появится книга, воркшоп, учитель или что-то ещё, чтобы помочь вам. Функционирование причин и результатов работает, независимо от того согласны вы с ними или нет!

Предположение 1: Каждый хочет быть счастливым эмоционально, ментально и физически, что включает в себя здоровье.

Все, что мы думаем, говорим и делаем, движет этим глубоким желанием получить то, что мы хотим, и избежать того, чего мы не хотим. И все же, как часто вы думаете: «Ого, я настолько счастлив, насколько это возможно?» Если вы похожи на меня, то это случается не очень часто!

Предположение 2: Должно быть, мы не знаем, как создать счастье, в противном случае, мы бы только этим и занимались.

Создавать счастье также просто, как готовить пирог. Следуйте рецепту, и в результате получится пирог. Должно быть, мы не знаем рецепта для счастья, иначе мы наслаждались бы пирогами все время. Мы бы думали: «О, я так счастлив, что сложно представить, что может быть ещё лучше».

Предположение 3: Все существующие вещи, все, что с нами происходит, является результатом некоторой причины.

Ничего не происходит из ничего. Ничего не возникает случайно. Для всего есть причина, и сама эта причина тоже создана предыдущей причиной.

Логическое умозаключение: Если мы хотим счастья, оно должно быть результатом какой-то причины.

Если мы знаем, как создать причины для счастья, и действуем таким образом, то в результате мы получим счастье. Если мы можем научиться тому, как создавать причины для лечения, которые приводят к исцелению, то результат придет обязательно. Мы можем применять этот метод ко всему в нашей жизни.

Мы здесь не говорим о временном решении проблем или о волшебном исцелении, хотя и то, и другое возможно. Научиться тому, как создавать причины для счастья, это одно. А действительно поступать так — другое. Это потребует с вашей стороны согласованных усилий в том, как применить новый образ мышления и поведения. Никто, или почти никто, не пробовал изменить своё поведение, основываясь только на том, что один авторитетный человек сказал ему это сделать. Или даже на основании того, что услышал, как кто-то получил пользу от чего-то. Похоже, нам нужно знать, как что-либо работает, прежде, чем мы захотим примерить это на себя, особенно, в рамках необходимости создавать перемены, о которых мы ведём речь.

Поэтому я собираюсь попробовать объяснить процесс создания причин, которые создают желаемый результат, как противоположность реакции на результаты способов, которые навсегда закрепляют то, чего мы не хотим. Итак, я поделюсь Четырьмя Шагами применения этого процесса в вашей жизни. В заключении я предложу руководство по инструментам, чтобы помочь вам сломать старые привычки поведения и обучиться новым.

Создание причин, создающих результаты, которые мы хотим:

Ментальные Семена

Никакое, даже самое маленькое проявление доброты, никогда не пройдет даром

Эзоп

Найдётся ли хоть один взрослый человек в мире, который бы не слышал аксиому «Что посеешь, то и пожнёшь», соответственно перефразированную на его родном языке? В подростковом возрасте и в молодости я думала: «Ну, конечно, все, что я делаю, возвращается ко мне». Но, исходя из моего опыта, это не выглядело как круг правды. Я не погружалась в её истинный смысл и, поэтому, я только отчасти следовала ей в жизни. Я часто была в недоумении от того, что со мной происходили неприятные вещи, в то время, как я была очень добра к другим людям. По крайней мере, я так считала.

Нам нужно знать 4 вещи об этой аксиоме, и затем ещё 4 способа, которыми её смысл открывается для нас. Таким образом, существуют 2 метода по 4 шага каждый, через которые мы можем сознательно использовать эту аксиому, чтобы вызвать те результаты, которых мы очень хотим. Вам может показаться, что это много, но это легче, чем обучение чтению, и вы сделали это в возрасте 6 или 7 лет. Вы также обучитесь и этому. Позвольте мне прежде объяснить процесс, через то, как он работает. После чего нам станет понятно то, что мой учитель называет "4 на 4".

Мы пожинаем то, что сеем.

Мы прямо сейчас пожинаем то, что посеяли.

Мы не сможем получить то, чего не сеяли.

Мы пожнём именно то, что сеем сейчас.

Давайте используем аналогию хозяйки, которая сажает овощи и цветы в своём саду. Предположим, что она хочет собрать урожай томатов, моркови, латука и маргариток. Чтобы это получить, она знает, что следует сажать семена томатов,

семена моркови, семена латука и семена маргариток. Она подготавливает почву — выдёргивает сорняки, разбивает комки земли, удобряет землю богатым питательными веществами компостом — а затем сажает свои семена. Она поливает почву, защищает ростки от налётчиков и вырывает опять сорняки. Она выращивает и ждёт до тех пор, пока созреют томаты, латук станет большим и зелёным, морковь потолстеет, а маргаритки не зацветут. В конце концов, она получает удовольствие от плодов своей работы и, если она знает "4х4", она поделится своим урожаем с другими, потому что знает, что это то, что обеспечит ей урожай в будущем. Она знает,

Семена дружбы

Памела Расада
Как рассказано Сарани Стампф

Моя подруга Пэм учила своего 8-летнего друга 4 Шагам.

«*Я хочу друга,*- сказал мальчик.- «*Значит, мне нужно помочь кому-то найти друга, верно?*»

Верно.

«*Тетя Пэм, это работает!*»-сказал мальчик 2 недели спустя.

«Что работает?»-спросила она.

«Помощь кому-то найти друга. Я познакомил мальчика с другим мальчиком, которого видел всегда в одиночестве. И теперь мы дружим втроём! Это сработало!»

что если она получила богатый урожай в этом году, то это случилось потому, что она поделилась своим предыдущим урожаем. Если она не получила богатый урожай в этом году, то она знает, что это созревший результат того, что в прошлом году она своим урожаем с другими не поделилась.

Как такое возможно? Ваш ум, наверное, вскипает от вопросов. А что если она впервые занялась садоводством? Как она, вообще, могла в таком случае получить какой-либо результат? Многие скупые люди богаты. Многие щедрые люди не живут в изобилии. Добрые люди по-прежнему заболевают. Жестокие люди могут быть здоровы. Со временем мы вернёмся ко всему этому. Позвольте мне показать вам, как вы можете исследовать это самостоятельно.

Представьте, что я стою перед вами. Я держу в руке ручку так, что вы можете ясно её видеть. (Это работает гораздо лучше, если показывать лично, поэтому попробуйте вскоре сами). Вы смотрите на предмет и я спрашиваю вас: «Что это я держу в руке?». Вы сразу же отвечаете: «Ручка». Затем я говорю: «Но что будет, если сюда войдёт щенок? Что он увидит? Что он сделает с этим предметом?» Вы минуту думаете, а потом, вероятно, ответите: «Он понюхает это, затем возьмёт в рот и примется жевать».

То есть, щенок видит палочку, которую можно пожевать, или игрушку, но не ручку, верно?

Наш мозг старается изо всех сил настоять на том, что щенок тоже видит ручку, но ведь он жуёт её вместо того, чтобы писать ею. Если я положу ручку на стол, и все люди, и все собаки покинут эту комнату, что в таком случае это будет? Вы не сможете ответить. Вы пожмёте плечами, и этот знак понятен всем: «Я не знаю».

Что это говорит об определении и назначении ручки? Должно быть, это исходит из сознания того, кто на неё смотрит. Потому, что если природа «ручки» происходила бы из неё самой, если бы предмет сам излучал из себя «ручка, ручка, ручка», как собственно мы и думаем, что происходит, то любой, кто смотрел бы на нее, должен был бы видеть ручку и использовать её в качестве пишущего средства. Тем не менее, это не так. Собака видит игрушку для жевания, муха видит место для посадки, ребёнок видит что-то, что можно схватить. Таким образом, суть объекта, должно быть, происходит из того, кто видит его: из собаки, из мухи, из ребёнка, вас или меня, а не из самого объекта. Это то, что в древних писаниях называется «не имеет собственной природы», часто неверно понимаемое определение.

Оно относится к какому-либо качеству предмета, который зависит от того, кто смотрит на него. Это не имеет другого определения. Это не заставляет предмет исчезнуть и не означает, что ничто не имеет значения. Из этого удивительным образом следует, что что-либо может быть чем угодно. Но не достаточно просто захотеть. Любая особенность предмета, приходящая из ума того, кто воспринимает предмет, навязывается силой ментальных семян, то есть отпечатков, оставленных нашими мыслями, словами и действиями в отношении кого-то или для кого-то. То, что мы сами думаем, говорим и делаем относительно других, записано. Оно растёт и тиражируется, затем вызревает в форме каждого мгновения каждого восприятия.

В сущности, весь наш опыт в каждый момент времени является отражением нашего прошлого поведения. И в то же время, это даёт нам возможность творить наши будущие моменты опыта. По привычке мы реагируем на то, что с нами происходит, и на людей, похожим способом на то, как мы их и создавали, сохраняя их таким образом надолго. Такое поведение - это созревание семян, которые мы посадили ранее. Но теперь мы можем научиться новому поведению. Мы можем научиться разрушать плохие семена и ускорять созревание хороших семян и скоро станем людьми, которые осознанно создают то будущее, которое хотят, вместо увековечивания того, чего они не хотят.

Вы можете исследовать эту идею «отсутствия самосуществующей природы» сами. Просто возьмите любой предмет и поразмышляйте: возможно ли, что кто-нибудь на земле видит его не так как вы? Может случится так, что вы осознаете, что никто не «видит» тот же самый предмет так же, как и вы. Вы признаете невозможность этого. Теперь вы можете применить этот запрос к своим поступкам и эмоциям. И нет конца всему, что вы можете так исследовать. Вы всегда будете возвращаться к признанию того, что все является ничем иным, как созревшими ментальными семенами. Ваш окончательный вывод будет такой: я могу намеренно сажать ментальные семена, которые создадут будущее, полное удовольствия и счастья, если я буду относиться к другим с добротой, желая им счастья. **На самом деле это довольно просто. Сложность только в изменении своих привычек.**

Что же означает выражение: «Что посеешь – то и пожнёшь»? Мы "сеем" тем, что осознаём то, что мы думаем, говорим и совершаем в отношении других людей. Это применимо к любому предмету или существу, которое мы ощущаем отличным от нас. Все наши размышления, слова и действия каждое мгновение записываются нашим подсознанием, как если бы было сложнейшее устройство записи, которое снаружи записывает все наши поступки и даже мысли. Ни одно мгновение не будет упущено.

Мы «пожинаем» плоды наших мыслей, высказываний и поступков по отношению к другим посредством своего опыта ежесекундно, думая, что все эти ощущения атакуют нас, а не происходят из наших собственных ментальных семян.

Выбирая Новый Способ

Описано Джейемом Нейером, участником семинара 4 Шага для исцеления

Однажды я обнаружил свои 8 больших кустов томатов покрытыми гусеницами помидорного бражника. Я тотчас почувствовал желание убрать их и раздавить, чтобы защитить мои растения и урожай. Но их было слишком много, а я знаю о ментальных семенах. Поэтому я решил просто отдать эти растения им. Наслаждайтесь! Через 2 дня растения остались без единого листочка: не осталось ничего, только стебли и гусеницы. Через две недели, однако, листья начали расти заново, что обернулось потом в лучший из всех урожай томатов, какие я когда-либо собирал. Те, кто слышал эту историю на семинаре, признали, что в Сакраменто тот год был самый ужасный из-за нашествия помидорного бражника. Урожай томатов не удалось собрать никому!

Записывающее устройство нашего ума проецирует нам обратно кино с нашими впечатлениями целиком, момент за моментом. Но существует отсрочка, обычно довольно долгая, между тем временем, когда изначальная запись делается, и тем моментом, когда часть этого фильма проигрывается для нас обратно. Именно по причине этой задержки и происходит наше недопонимание, как работают вещи и откуда они происходят. Это как если бы запись была отослана далеко за Плутон, а затем бумерангом вернулась к нам. Ко времени её возвращения мы уже забыли, что сами её записали. Мы обвиняем во всём, что случается, вещи или других людей, вместо наших собственных деяний.

Мы называем такие моменты записи ментальными семенами или отпечатками в нашем сознании.

Ментальные семена и 4 Закона

Понимание четырёх основных принципов о ментальных семенах помогает нам применять эту мудрость в нашей жизни.

1. «Они определены», - говорят древние рукописи.
Ментальные отпечатки поступков, совершенных в отношении других людей, которые были восприняты как приятные, добрые, помогающие, обязательно созреют как приятный опыт. Когда вы отдаёте себе отчёт в том, что вы делаете, придерживая дверь перед кем-либо, чьи руки заняты, это сажает семена в вашем сознании, которые однажды созреют таким образом, что вы увидитев кого-то, помогающего вам подобным образом. Если вы воспринимаете себя вредящим чьей-то жизни каким-либо образом, то это сажает в вашем сознании семена, которые однажды созреют в то, что 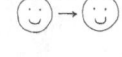  кто-либо навредит вашей жизни, иногда в виде опасной реакции на медикаменты, автомобильной аварии или хуже. Семена определены в том смысле, что семена доброты принесут приятные результаты, а недобрые семена принесут неприятные результаты. И это никак не может быть иначе. Семя томатов не может превратиться в перекати-поле, ни при каких обстоятельствах, как бы мы не старались.

2. Семена растут.

Когда ментальное семя записано, на него действует каждый новый отпечаток, который его сопровождает. Каждое семя вызревает, продвигается, готовится к своему созреванию в результат. Чем дольше времени это занимает, тем «больше» оно растёт и тем больше оно преумножается. Также как и одно единственное семя томатов в результате вырастает в огромное растение с многочисленными плодами (более чем достаточно, чтобы поделиться!), каждый из которых и сам содержит огромное количество семян томатов. Наши ментальные семена работают точно также, проявляясь в нашем целостном переживании каждого момента нашей жизни в нашем мире. Это удивительно и чудесно, это на самом деле система, которая создаёт разнообразие и безграничные возможности. Итак, когда мы видим себя вежливо придерживающими двери перед кем-то, чьи руки заняты, это не созреет не просто однократно в качестве кого-то одного, помогающего нам, а во многих людях, помогающих нам самыми различными способами. Точно также происходит и с причинением вреда. Семя вырастет и приумножится.

3. Если семя не было посажено, оно не сможет принести плоды.

«Еще бы!» - скажите вы. Но мы, на самом деле, не верим в это. Мы часто чувствуем, что не заслуживаем того, что с нами происходит. Вспомните, когда в последний раз кто-то разозлился на вас. Не думали ли вы тогда, что это не справедливо? И как вы отреагировали? Если вы такой же, как я, то, вероятнее всего, вы разозлились в ответ, защищая свою невиновность и пытаясь отвергнуть направленную на вас злость. Ой! Мы только что посадили новую серию семян, которые вырастут и умножатся в новые неприятные ситуации, в которых люди будут злиться на вас.

Как ежедневно сажать семена любви

Описано Яной Хенриксон

Когда я веду машину, я всегда посылаю любовь всем остальным машинам на дороге, воображая, как все наши мечты сбываются или что мы все наполняемся радостью в эту самую минуту. Все мы — уникальная конфигурация людей, которые не соберутся снова вместе больше никогда на этой дороге, поэтому мы, должно быть, объединены особенным духовным состоянием. Это возможность для меня привнести Любовь в места и на дороги, где я обычно не бываю. Когда я вижу велосипедистов, проезжающих мимо, или занимающихся бегом людей, я посылаю им послание: «Ты сделаешь это! Твоя энергия безгранична». Когда я вижу кого-то, кто медленно или с трудом переходит улицу, я посылаю им мысленно: «У вас предостаточно времени. Не торопитесь». Когда я вижу новорожденных, я приветствую их на планете, говоря им помнить, кто они есть, и окутываю их любовью. Не удивительно, что посадив все эти семена, ко мне пришла любовь. Его зовут Джеф и он случайно оказался садовником.

Что если, вместо того, чтобы злиться и защищаться, вы подумаем: «Ой, это отвратительное ментальное семя, которое я посадил, когда разозлился в прошлый раз, даёт свои плоды. Я уверен, что больше не посажу этот сорняк снова». В таком случае, вы скажете в ответ: «Мне жаль, что вы разозлились на меня. Могу я чем-то помочь?» Это может тотчас же остановить или не остановить проявление злости у вашего собеседника, но если мы будем делать это осознанно (или быстренько скроемся из вида), мы посадим этим новое семя. Таким образом, в будущем, когда мы разозлимся на другого человека, он ответит нам с добротой. Не отвечая злостью, мы избавляемся ещё от того, чтобы не увеличивать наши прошлые семенах злости, и, таким образом, наша собственная привычка реагировать со злостью уменьшается. Мы можем избавиться от этих вредных семян полностью, если будем серьёзно применять это. Представьте, как это – никогда не чувствовать злости, раздражения, разочарования, сопротивления! Это возможно. И нет ничего, о чем бы мы не знали, ничего, что могло бы случиться с нами, приятного или не приятного, что бы не было результатом того, что мы воспринимали себя думающим, говорящим или действующим таким образом по отношению к другим людям, независимо от того, помним мы это осознанно или нет. Без посаженного семени не будет и результатов.

4. Посаженное семя обязательно даст результат.

Ни одно ментальное семя не может исчезнуть. Записывающее устройство никогда не ломается и не пропускает кадры. Абсолютно все воспринимаемое записывается, попадает в огромное хранилище, растёт, умножается, изменяется под влиянием других семян и затем, наконец-то, вызревает: приятное из приятного, неприятное из неприятного. Это и есть процесс творения, чудесного творения в чистом виде, и это всем понятно. Если бы мы на самом деле смогли жить согласно ему, мы бы смогли создать рай на земле, постоянное превосходное наслаждение любящей добротой для всех существ, включая себя самого.

Почему бы нам не сделать это? Почему мы не можем увидеть, как это происходит? Из-за задержки между посадкой семян и их созреванием. Нас сбивает с толку, или правильнее будет сказать, мы сами вводим себя в заблуждение, думая, что то, что мы делаем сейчас, становится причиной тех последствий, которые с нами произойдут в следующий момент. По какой-то нелепой причине мы живём с этой мыслью, никогда не подвергая это сомнению, даже если зачастую то, что мы делаем, не приносит ожидаемых результатов. Почему же мы принимаем это, не задумываясь о том, что происходит на самом деле?

Например, когда я чувствую головную боль, я беру аспирин. Я запиваю 2 таблетки стаканом воды и ожидаю, что моя головная боль успокоится в течении часа или около того. Я думаю, что что-то в аспирине способно остановить головную боль. Да, иногда это работает, а иногда нет. Что это говорит о способности аспирина успокоить мою головную боль? Если причина прекращения моей головной боли кроется в аспирине, как я об этом думаю, то каждый раз, когда я выпиваю таблетку аспирина, моя головная боль должна прекращаться. Но так происходит только иногда. Иногда головная боль у меня проходит после того, как я поем картошку фри! Но не всегда. Что же происходит? Для того, чтобы что-либо считалось причиной чего-то, это должно приносить такой результат всегда, в противном случае существует некий другой фактор, который является обязательным для того, чтобы наступил результат. Когда аспирин помогает мне от головной боли, это происходит потому, что мои ментальные семена от имевшей место ранее помощи кому-то ещё выздороветь, созрели. И поэтому я чувствую облегчение. И это проявилось в том, что аспирин таки сделал своё дело, и он сработал. Аспирин — это транспортное средство, способствующий фактор, посредством которого мои созревшие семена были доставлены ко мне. Когда аспирин не помогает, то это происходит потому, что созревают семена тех случаев, когда я, имея возможность помочь кому-либо выздороветь, не постаралась изо всех сил сделать этого. В моем случае аспирин оказался не способен помочь мне.

Если бы не было задержки между посадкой семян и их созревшими результатами, тогда каждый раз, когда бы мы ни раздавили букашку, тут же ломались бы наши собственные ребра. Сколько букашек вам нужно было бы раздавить, чтобы вы поняли, что не стоит этого делать? Одну, если бы вы оказались глупым, и ни одной, если бы вы могли учиться на чужом опыте. Что если бы каждый раз, когда вы давали бы кому-то деньги, новый вклад сразу обнаруживался бы на вашем банковском счету? Вычислив это однажды, разве не давали бы вы деньги людям при каждом удобном случае? Таким образом, вы всегда имели бы достаточно средств, чтобы раздавать. Что если бы все поступали так? Что, если бы мы старались помочь каждому, кто себя плохо чувствует, выздороветь, пусть даже своей ободряющей улыбкой, ласково высказав свое мнение или одной только ласковой мыслью о нем?

Четыре Цветка

*Чтобы исцелить человеческое тело,
необходимо знать его целиком.*
   Сократ

Я представляю, как к этому моменту вы уже размышляете: «Какое все это имеет отношение к исцелению?» Мы уже подходим к этому. Однако есть ещё некоторые вещи, которые следует знать о ментальных семенах. Мой учитель называет их Четырьмя Цветками. Это 4 способа, каким образом семена созревают.

1. Каждое посаженное ментальное семя вернётся к нам событием, подобным тому, что сделали мы сами.

Если вы поделитесь едой с кем-то, кто голоден, это созреет для вас таким образом, что кто-то поделиться с вами в то момент, когда вы будете в этом нуждаться. Если прибрать к рукам все помидоры, то это созреет в наш сад, в котором не уродится ни одного помидора, или нам не удастся получить то, чего мы очень хотим потому, что кто-то забрал все это про запас.

2. Ментальные семена раскрываются как привычка реагировать таким же образом, как мы поступили в тот момент, когда сеяли их.

Когда семя раскрывается тем, что мы видим кого-то, кто

злится на нас, мы отвечаем тем, что злимся на него, укрепляя тем самым неприязнь. Если семя раскрывается тем, что кто-то любит нас и восхищается нами, мы отвечаем тем, что так же любим их и восхищаемся ими (как правило).

3. Семена раскрываются как условия окружающей среды и люди вокруг нас, которые отражают поведение, которое посадило семена и затем способствуют их закреплению.

Если мы сажаем ментальные семена лжи, это созреет в такой, например, опыт, как кусание фрукта, который выглядит зрелым и вкусным, но на самом деле безвкусен или гнилой. Фрукт "солгал" нам тем, что выглядел зрелым и вкусным, но не соответствовал своему внешнему виду. Более того, мы окажемся посреди других людей, которые будут лгать нам и которые не буду верить нам, даже когда мы честны, что имеет тенденцию усиливать привычку вранья. С другой стороны, созревание семян заботы о других, такие как спасение бездомной собаки и забота о ней, созреет в окружающую среду, в которой наши нужды будут удовлетворены. Найдётся кто-то, кто "спасёт" нас, когда нам это будет нужно. Улавливаете смысл?

4. У вас никогда не закончатся ментальные семена.

Те, кто видел этот процесс непосредственно в глубоком состоянии медитации, говорят нам, что ментальные семена отпечатываются как шестьдесят пять отдельных семян за мгновение и созревают со скоростью шестидесяти пяти отдельных восприятий за мгновение. Во время этой продолжительной задержки между посевами и созреванием они размножаются. Всегда есть множество доступных для роста в следующий момент. У вас они никогда не закончатся. Это одновременно обнадёживает и это страшно. Ужасно, потому что так много этих быстро размножающихся семян, были посажены с эгоизмом, поэтому созреют чем-то неприятным. Это обнадёживает, потому что, вы никогда не перестанете сажать ментальные

Создание другого результата

Памела Расада
Рассказано Сарани Стампф

Пэм страдала от одной из хронических повторяющихся деформаций спины, когда начала посещать занятия по 4 Шагам для исцеления. Как правило, это требовало нескольких дней постельного режима, дополненного различными хиропрактическими процедурами для улучшения. На этот раз она привела с собой друга к хиропрактику, чтобы он тоже получал лечение. Через несколько дней боль в спине полностью исчезла. Ее хиропрактик удивился, что это был самый быстрый раз, когда у Пэм наступило улучшение после его лечения, хотя травма изначально была такой же деструктивной, как и раньше.

семена и они не перестанут созревать. Безусловно, мы все в конце концов выясним, как сажать только семена любящей доброты, чтобы мы создать созревание рая на земле для всех.

*Но это я говорю,
Тот, кто сеет экономно
пожнет также экономно;
и тот, кто сеет щедро
пожнет также щедро.*

2 Коринфянам 9:6

«Но как насчет всех этих семян эгоизма, которые уже там?», - спросите вы. Если они размножаются быстрее, чем созревают, кажется, будто мы обречены страдать в течение бесконечного времени, даже если мы никогда больше не будем сажать другое такое семя, что маловероятно, верно?

Хороший вопрос. Мои преподаватели говорят, что если вы чувствуете некоторое беспокойство в этом моменте, значит вы получаете действительно хорошее понимание природы процесса. Не надо беспокоиться. Эта временная задержка также является подарком, который даёт нам пространство для работы с нашими старыми привычками. Нам не нужно немедленно становиться жёстким полицейским всех наших мыслей. Благодаря нашему растущему осознаванию процесса и практики 4Х4 нам станет все более естественным думать, говорить и действовать с вниманием к тому, что мы сажаем, делая это, что позволит нам делать лучший выбор в наших действиях.

Четыре Шага и Четыре Силы

Это подводит нас к двум методам применения этой мудрости в нашей повседневной жизни. Один из них - это Четыре Шага для посадки того, что мы хотим. Другой - Четыре Силы для очистки того, чего мы не хотим. Мы изучим их, поскольку они применимы к исцелению (чего-либо вообще), и именно это вы искали, когда открыли эту книгу.

Четыре Шага

Четыре шага для создания того, что мы хотим, - это четыре важных момента, необходимых для сокращения задержки между посадкой ментальных семян для желаемого результата и созреванием этих семян в этот результат.

Четыре Шага:

1. Правильная идентификация
2. Планирование
3. Намеренное действие
4. Радость в завершении

Четыре Силы

Четыре Силы очищения семян, посаженных ранее, результатов, которых мы не хотим, - это четыре важных момента, необходимых для повреждения этих семян, чтобы они не созрели, или созрели, но не так тяжело. Это также помогает нам перестать привычно пересаживать их.

Четыре Силы:

1. Признание
2. Сожаления
3. Лекарство
4. Воздержание

Все четыре части, как Четырех Шагов, так и Четырех Сил, должны применяться так, чтобы они работали полностью. Для нас жизненно важно видеть результаты наших усилий в течение распознаваемого периода времени, чтобы доказать себе, что эта мудрость верна. Когда мы овладеем таким поведением, мы с большей ясностью узнаем истинные причины нашего опыта. Это укрепит наше новое поведение, облегчая нам его практику. Мы будем становиться счастливее, просто потому, что так веселее жить – творить добро и приносить радость. Даже, когда семена недоброжелательности всё ещё созревают (время от времени). На самом деле, мы придём к тому, что будем радоваться неприятностям, как возможностям сжечь эти семена. Не пересаживая их. А вместо этого, выращивать все больше и больше семян доброты.

Обучение Четырем Шагам

Шаг 1: Правильная идентификация

Мы должны правильно идентифицировать результат, который хотим получить, чтобы правильно определить, какие семена нужно посадить. Садовница не бросает какие-то смутно известные комбинации семян, потому что хочет, чтобы её усилия привели к определенным результатам. Если она хочет маргаритки, она знает, что она должна посадить семена маргариток. Когда она получит маргаритки, она не будет разочарована тем, что у неё не получилось гвоздик. Мы сажаем неправильные семена для тех результатов, которые мы хотим, большую часть времени, потому, что мы находимся в режиме реагирования, вместо режима создания. Затем мы обычно обвиняем кого-то другого в том, что мы не получаем того, на что надеялись. Возможно, вашего сотрудника и вас рассматривают для продвижения по службе. Вы считаете, что указывая на его недостатки в администрации и повышая ваши собственные возможности, вы получите повышение. Но тогда этого не произойдёт. Откуда взялось семя для того, чтобы не быть выбранным? Из того времени, когда вы ранее вмешивались в то, чтобы кого-то выбрали первым.

«Эта глупая администрация упустила прекрасную возможность», - думаете вы. «Я лучший человек для этой работы». Ваше недовольство, скорее всего, негативно повлияет на качество ваших взаимодействий как с администрацией, так и с вашим сотрудником, которого недавно повысили. Обвинение и возмущение администрацией создадут семена для того, чтобы вас обвиняли и вами возмущались другие. Уф. Мы делаем это часто, не так ли?

Вместо этого, найдите кого-то, кто хочет быть выбранным

для чего-нибудь - для игры, для клуба, команды и повысьте их привлекательность для того, кто делает выбор. Это было бы более разумным поведением для создания семян желаемого результата: выбора для следующего повышения по службе.

Каждая мысль - это семя. Если вы сажаете дикие яблоки, не рассчитывайте на сбор яблок сорта Голден.

Бил Мейер

Давайте применим первый шаг к исцелению.

Я предполагаю, что у вас есть проблема со здоровьем, которая отрицательно влияет на ваше чувство благополучия. «Это мягко сказано», вы могли бы подумать! Правильный шаг идентификации чётко и лаконично устанавливает то, что мы хотим достичь, применяя наши Четыре Шага. Начнём с составления фразы о том, чего мы хотим достичь.

Наше краткое правильное заявление идентификации может быть следующим:

Я хочу быть исцелённой от _____.

Или, я хочу излечиться от _____.

Или, возможно, для тех из нас, кто немного более опытен:

Я хочу эффективный метод контроля над моим _____.

Или даже: *я хочу, чтобы боль и ограничение артрита у моего отца уменьшились.*

Когда мы делаем заявление «Я хочу ...», есть несколько вещей, которые нам нужно иметь в виду. Во-первых, мы говорим с нашим подсознанием, а также со всей Вселенной, оба из которых воспринимают нас буквально. Мы можем думать, что мы очень ясны, но под этим могут существовать некоторые допущения, о которых мы не знаем. Например, мы можем сделать заявление: «Я хочу, чтобы мои головные боли прекратились». Это кажется достаточно очевидным, но один

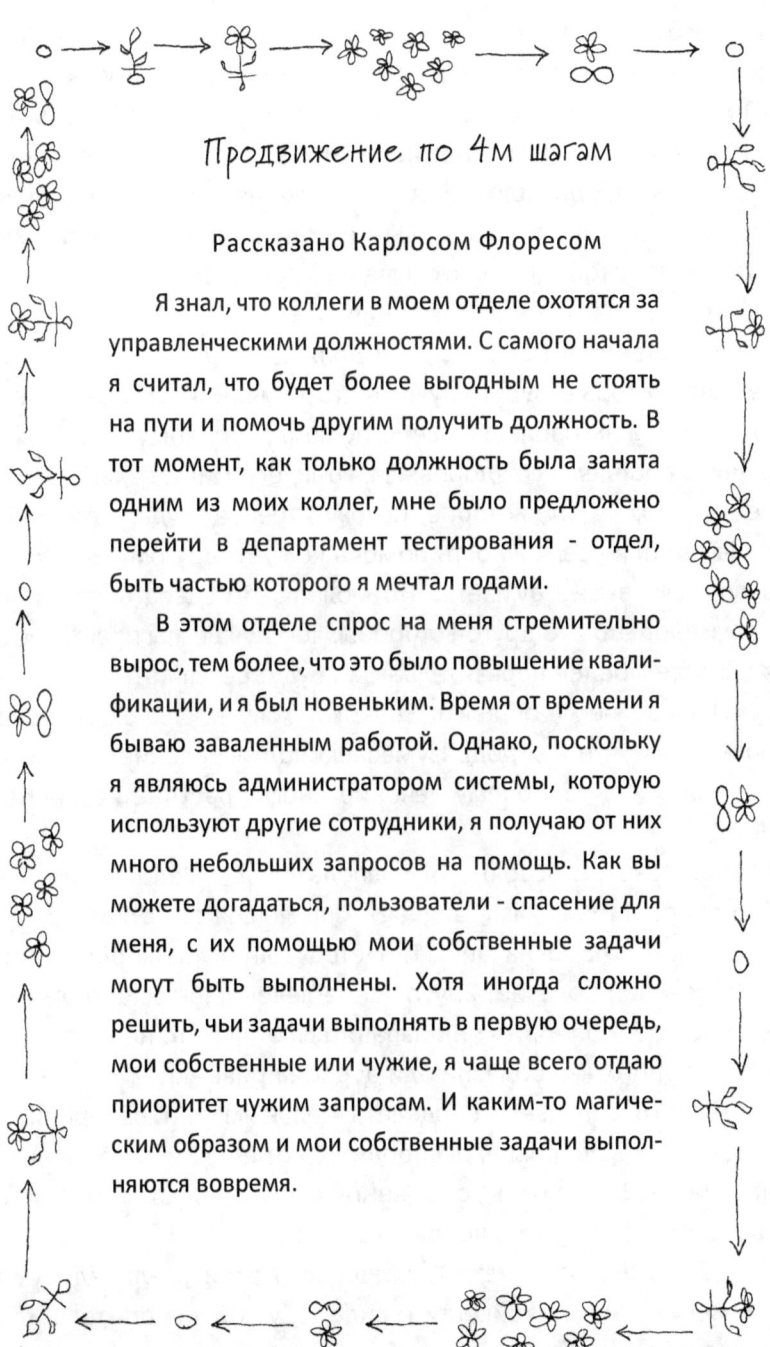

Продвижение по 4м шагам

Рассказано Карлосом Флоресом

Я знал, что коллеги в моем отделе охотятся за управленческими должностями. С самого начала я считал, что будет более выгодным не стоять на пути и помочь другим получить должность. В тот момент, как только должность была занята одним из моих коллег, мне было предложено перейти в департамент тестирования - отдел, быть частью которого я мечтал годами.

В этом отделе спрос на меня стремительно вырос, тем более, что это было повышение квалификации, и я был новеньким. Время от времени я бываю заваленным работой. Однако, поскольку я являюсь администратором системы, которую используют другие сотрудники, я получаю от них много небольших запросов на помощь. Как вы можете догадаться, пользователи - спасение для меня, с их помощью мои собственные задачи могут быть выполнены. Хотя иногда сложно решить, чьи задачи выполнять в первую очередь, мои собственные или чужие, я чаще всего отдаю приоритет чужим запросам. И каким-то магическим образом и мои собственные задачи выполняются вовремя.

из способов остановить мои головные боли - это умереть. Это не тот результат, который я наметила. Или мы можем сказать: «Я хочу жить без боли». Но восприятие боли - необходимый инструмент для распознавания опасности, как при касании горячей кастрюли для быстрого удаления руки, прежде чем она серьёзно пострадает. Мы не хотим жить без боли; мы хотим быть свободными от мучений страданий.

Во-вторых, помните, что для того, чтобы получить наш предполагаемый результат, мы должны посеять ментальные семена, которые будут служить его причиной. Это означает, что мы должны наблюдать себя, помогающим кому-то другому решить проблему со здоровьем. Итак, если мы сделаем заявление «Я хочу ...», которое, похоже, требует чуда, тогда нам понадобится возможность помочь кому-то другому испытать чудо. Если вы не думаете, что можете это сделать, тогда не просите об этом. С другой стороны, чем лучше мы практикуем 4 шага, тем более поразительными будут результаты.

Прежде чем поставить свою «Я хочу ...» цель, давайте посмотрим, что мы подразумеваем под исцелением. Откуда оно происходит? Почему лечение иногда работает, а иногда нет?

Согласно словарю, (я использовала Random House Dictionary of the English Language, College Edition, 1968!)

ИСЦЕЛЕНИЕ означает: 1. метод или курс коррекционного лечения болезни; 2. успешное лечение, восстановление здоровья; 7. облегчить или избавиться от чего-то неприятного или вредного, как болезни или дурной привычки.

ЛЕЧИТЬ означает: 1. сделать цельным или оздоровить, восстановить здоровье, освободиться от недуга; 4. причинить исцеление; 5. для раны, сломанной кости и т.п - стать целыми, здоровыми, починить, поправиться.

ЗДОРОВЬЕ означает: 1. общее состояние тела или ума применительно к стойкости и силе; 2. устойчивость тела или ума, свобода от болезней или недугов; 4. Бодрость, жизнеспособность.

ЛЕКАРСТВО означает: 5. восстановить естественное или надлежащее состояние; исправить.

Любопытно, что когда я была медиком, все эти слова имели для меня очень специфические коннотации. «Исцеление» означало, что вся патология исчезла, нормальное состояние здоровья восстановлено. «Лечение» означало, что страдание было устранено, независимо от того, сохранялась ли патология.

Но чем больше опыта я приобретала, тем меньше различий между этими двумя понятиями я видела. Патология некоторых пациентов возвращалась к норме, но их страдание сохранялось. У некоторых людей была страшная патология, но никаких явных страданий. У некоторых людей, таких как я, не было патологии, но значительные хронические физические проблемы.

Что это за «хорошее здоровье», которое мы все хотим? Почему у нас его нет? Откуда оно происходит? Как мы можем его вернуть? Почему лекарства иногда работают иногда, а иногда нет, или только для некоторых людей, а не для других?

Вы уже знаете ответ: ментальные семена.

Но какой тип семян? Если мы посадим расплывчатые семена здоровья, мы получим смутные хорошие результаты для здоровья. Мы хотим быть настолько точны, насколько это возможно. До сих пор нет ответа, что такое хорошее здоровье. Хороший уровень здоровья, воспринимаемый человеком, который тренируется, чтобы подняться на гору Эверест, сильно отличается от того, что понимает под этим человек 90-летнего возраста, который живет в доме престарелых. Мы не можем сказать, что один из них лучше другого; он уникален для каждого человека и его обстоятельств.

Тщательно обдумайте, какими будут качества хорошего здоровья для вас. Составьте список. Вы всегда можете вернуться к нему, чтобы улучшить параметры вашего хорошего здоровья, когда захотите.

В западной медицинской традиции болезнь является состоянием тела или разума, в котором тело или разум неправильно функционируют в результате наследственных заболеваний, инфекции, диеты или окружающей среды. Эта дисфункция обычно измеряется определенным образом и оказывается вне диапазона нормы, то есть, патологической. Другие медицинские традиции, такие как традиционная китайская медицина, тибетская медицина и аюрведическая медицина, содержат подробные объяснения того, что здоровье является поддержанием постоянно меняющегося баланса различных элементов в ответ на внешние и внутренние обстоятельства. Симптомы любого рода являются признаком того, что этот баланс нарушен. Но результаты одинаковы: пато-что-либо означает страдание, недомогание, дискомфорт. В этих системах точно так же некоторые методы лечения помогают восстановить баланс для одних людей, а для других - нет. У нас все еще есть более глубокая проблема: как понять, что и для кого будет работать. Или, — еще глубже — что будет работать для всех.

Вы уловили суть, если просто ответили «ментальные семена». Наше хорошее здоровье или его отсутствие должны быть постоянными результатами созревания ментальных записей на нашем личном жестком диске о том, как мы позаботились о других. Помните, что они, вероятно, были записаны очень давно или очень точно. И помните, мы постоянно реагируем на людей и вещи в нашем мире привычными способами, которые увековечивают те результаты, которые мы переживаем. Потому сейчас не так важно точно идентифицировать прошлые действия, как определить новые способы действий, которые будут сажать семена для улучшения здоровья, которого мы хотим.

Я предлагаю вам упражнение из четырех частей для того, чтобы вы могли достичь точного определения вашей цели.

(См. Приложение «Реальные причины исцеления»).

Во-первых, пожалуйста, дайте себе время для самоанализа. Используя список систем, сделайте инвентаризацию своего текущего состояния здоровья. Напишите всего пару слов для каждой из систем. Каким будет «хорошее здоровье» для вас? Затем отметьте, есть ли это у вас, или вы хотели бы это улучшить.

Во-вторых, пройдитесь по каждой системе, которую вы хотели бы улучшить, и определите ее уровень важности. Используйте шкалу 1-5, где 1 является наиболее важным, а 5 - наименее важным.

В-третьих, посмотрите на все свои «1», чтобы определить общую тему. Возможно, ваши «1» связаны с усталостью, с плохой выносливостью, скукой и бессонницей.

В-четвертых, сделайте краткое, сжатое позитивное заявление «Я хочу ...», которое отражает то, что вы записали в третьей части. Например, «Я хочу иметь достаточно энергии и жизненных сил, чтобы делать то, что я хочу».

Поскольку мы вовлечены в процесс определения наших идей о хорошем здоровье и конкретных проблем, которые мы хотим решить, в восприятии нашего подсознания все эти детали включены в наше заявление «Я хочу ...». Нам не нужно явно включать каждую деталь в инструкцию. Это похоже на то, как хозяйка сада тщательно выбирает, какие конкретные овощи и цветы она хочет посадить.

Для нашего заявления «Я хочу ...» важно сосредоточиться на позитиве. Избегайте слов вроде «нет», «не буду», «без» или других негативов: «Я не хочу больше болеть». По какой-то причине негативные утверждения оказывают меньшее влияние на подсознание, чем сильные позитивное утверждение. Будто мы что-то убираем и оставляем пустую дыру, вместо того, чтобы заполнить чем-то новым. Положительное новое вытеснит старое. Пустая дыра будет превращаться обратно в старое. Когда я помогала людям бросить курить, я считала полезным советовать им (среди прочего), класть что-то вроде жевательной резинки или зубочистки там, где они держали пачку сигарет. И потом, когда они привычно тянулись за сигаретами, они находили жевательную резинку. Потянуться за сигаретами и не обнаружить ничего значит вызвать беспокойство - мы не получили то, чего мы хотим. Потянуться за сигаретами, но получить жвачку - означает подкрепить новое некурящее поведение.

И вот у нас готов Шаг 1: ТОЧНОЕ ОБОЗНАЧЕНИЕ

«Я хочу иметь достаточно энергии и жизненных сил, чтобы делать то, что я хочу».

Шаг 2. Планирование

Мы готовы к шагу 2: ПЛАНИРОВАНИЕ

Планирование включает в себя внимательное рассмотрение того, как мы можем помочь другому получить то, что он хочет, - что-то похоже на то, чего хотим мы сами.

Мы планируем, какие семена посадить и с кем. Как только хозяйка сада решила, что она хочет посадить, она определяет, как разместить различные овощи и цветы в своем пространстве. Она знает, что некоторые овощи любят яркое солнце; другие чувствуют себя лучше в тени. Она заботливо выбирает, какая часть ее сада лучше всего подходит для того, что она будет сажать. Таким образом, она оптимизирует использование своего пространства и вероятность здоровых растений.

Аналогичным образом наша следующая задача - планировать, какие семена нам нужно посадить и как их посадить, чтобы начать процесс получения результата, который мы наметили на нашем шаге 1: правильная идентификация. Помните, все, что мы думаем, говорим и делаем по отношению к

Общепринятые практики для хорошего самочувствия

Поддерживайте идеальный вес тела
Регулярные занятия физическими упражнениями
Придерживайтесь диеты с низким содержанием насыщенных жиров и высоким содержанием клетчатки, большим количеством фруктов и овощей
Придерживайтесь графика профилактических медицинских осмотров, рекомендованных для вашей возрастной группы
Вовремя делать прививки
Бросать курить; не начинать
Умеренное употребление алкоголя
Часто отдыхать
Спать адекватное количество времени
Практиковать безопасный секс
Регулярно чистить зубы щёткой и зубной нитью
Внимательно относиться к защите от солнца
Аккуратно водить
Избегать использования сотового телефона во время вождения
Всегда использовать ремни безопасности
Избегать вождения в состоянии опьянения
Посещать клуб Анонимных Алкоголиков
Много смеяться, особенно над собой!

другим, создает наши семена. Поэтому нам нужно выяснить, что думать, говорить и делать, и с кем, - что относятся к нашему заявлению «Я хочу ...». Возьмем наш пример желания иметь достаточно жизненной энергии, чтобы делать все, что хочется. Это означает, что мне нужно планировать способы, которыми я могу сосредоточиться на том, чтобы помогать другим с их энергией и уровнем жизненных сил.

Я подозреваю, что вы думаете: «Если бы я знал, как увеличить свою энергию и жизненную силу, я просто сделал бы это для себя!» Или «Как я могу помочь поднять уровень энергии других людей, если ничто из того, что я пробовал, не сработало для меня?" Поймайте себя здесь. Подумайте о ментальных семенах. Любой метод, который вы использовали для восстановления собственной энергии, который не сработал для вас, вполне может быть именно тем, который сработает для кого-то другого. Будет ли это работать, будет зависеть и от их семян. Приложить усилия, чтобы помочь кому-то улучшить свое здоровье, достаточно, чтобы получить результат, когда другие помогают вам. По мере того, как вы продолжаете помогать другим, вы начнете видеть, как они становятся здоровее, и вскоре после этого вы тоже станете здоровее.

Этот шаг планирования требует немного усилий. Если вы уже пробовали различные методы оздоровления, составьте их список. Возможно, вы уже попробовали массаж, иглоукалывание, лекарства, Тай Чи, и получили посредственные результаты, хотя эти методы были рекомендованы в вашем состоянии. Сделайте небольшое интернет-исследование. Откройте для себя другие рекомендации для вашего состояния. Это даст вам идеи о том, что вы можете использовать или рекомендовать другим в ваших попытках помочь им. Познакомьтесь с общепринятыми правилами здоровья, которыми вы можете поделиться.

Затем нам нужно найти человека, который хочет что-то очень похожее на то, чего хотим мы. Чем ближе сходство желаний, тем эффективнее будет этот метод. В зависимости от того, насколько конкретным является ваше заявление «Я хочу ...», будет сложнее или легче найти совпадение. Лично я считаю эту часть самой сложной. Я скорее интроверт, поэтому затрудняюсь расспрашивать людей о их здоровье или недомоганиях, вне моей профессиональной компетенции. Это недостаток, который также является результатом ментальных семян. Спрашивать, как люди чувствуют себя и внимательно слушать то, что они говорят.- это проявление доброты. Подумайте о тех случаях, когда кто-то проявил истинную заботу о вас и как приятно чувствовать, что о тебе заботятся. Правда, у вас также есть скрытый мотив; вы ищете кого-то, кто, кажется, находится в ситуации, похожей на вашу. А тем временем, пока вы ищете такого человека, вы уже посадили семена доброты,  просто выслушивая других людей. Возможно, вы сможете предложить им варианты улучшение их состояния, даже если оно не такое же, как ваше собственное. И конечно, не стесняйтесь делиться этой книгой с другими! Рано или поздно кто-то спросит вас, как вы достигли чего-то, чего вы достигли благодаря «Четырем шагам». В этот момент вы будете готовы поделиться своим опытом, также обучая их Четырем Шагам. Это реальный метод, который всегда работает ... в итоге; делиться с другими. Но сначала вам нужно доказать это себе.

Эта часть слегка сложная. Мы все еще находимся на стадии планирования, но есть еще кое-что в нашем поведении, на что стоит обратить внимание, прежде чем мы перейдем к Шагу 3, действию. Очень важно иметь в виду, что то, что мы делаем, вернется к нам. Без исключений. Мы слишком легко можем стать фанатичными в попытках помочь другим со здоровьем, когда, возможно, они не заинтересованы в нашей помощи. Если мы не хотим, чтобы кто-то был назойливым, любопытным

Поиск близкого соответствия

Рассказано Вималой Спербер

Раньше я страдала частыми, изнурительными мигренями. В худшем случае они случались каждые 2 недели, и продолжались несколько дней. Мои таблетки от мигрени по рецепту стоят 20 долларов за таблетку, потому я использовала их экономно. Это значило, что я иногда проводила от 3 до 4 дней и ночей в ужасной боли.

Я знала, что моя подруга Сарани (автор этой книги) также испытывала страшную мигрень. Узнав о 4Х4 от нашего учителя, я сделала Сарани моим партнером по проблеме с мигренью.

Я начала изучать альтернативные способы лечения мигрени. Мои родители отправили мне статьи и гомеопатические средства от мигрени для Сарани. Вскоре после этого наш учитель предложил попробовать Суматриптан. Это лекарство работало волшебным образом и было намного дешевле.

Я рассказала Сарани, что Суматриптан просто чудесное средство. Мне больше не нужно проводить столько дней в нестерпимой боли. Тем не менее, возможные побочные эффекты отпугивали ее. Тогда я начала практиковать медитацию под названием Тонглен для нее. Это медитация, в которой я представляю себе ее боль, и разрушаю ее своей любовью и мудростью, давая ей счастье и радость.

Наконец Сарани сказала, что наш учитель побудил ее попробовать Суматриптан. Все еще немного опасаясь, она попробовала. Он сработал - без отрицательных побочных эффектов. Я была вне себя от радости! Я написала своим родителей, и попросила обеспечить нужным ей Сарахни Суматриптаном. Они были счастливы помочь.

Я хотела, чтобы их семена помощи Сарани с ее проблемами со здоровьем взошли их собственным хорошим самочувствием. В течение года здоровье моих родителей несколько улучшилось. Артрит и диабет моей мамы стали немного меньше беспокоить ее. У моего отца деменция, но его физическое здоровье было хорошим. И теперь я впервые получаю полное медицинское страхование, включая рецепты, и лекарство по назначению врача. И вот, Суматриптан для меня абсолютно бесплатен.

Читатель, пожалуйста, помни, что Суматриптан служит средством для созревания ментальных семян Вималы. Лекарство является поверхностной причиной облегчения головной боли. Более глубокая причина для хорошего результата как Вималы, так и Сарани, должна быть в их прошлой помощи другим больным. Для нас, с привычной точки зрения, это может выглядит одним образом. Но когда мы смотрим на это через объектив ментальных семян и результатов, мы можем видеть, как посадка здоровых семян помогла им всем.

или критичным к нам, то мы не дожны относиться к другим таким образом. Возможно, они не воспринимают нас как человека, который может им помочь. Не обижайтесь. Вспомните, где именно мы сами отказываемся от помощи других или судим об их способности помочь (связанной со здоровьем или любую другую). Вся наша помощь другим, в получении того, что они хотят (даже если это не вполне соответствует нашим собственным потребностям) увеличивает вероятность созревания результата, который мы хотим получить.

Наше отношение к нашему партнеру по заботе о здоровье также имеет важное значение. Мы можем эгоистично использовать их исключительно для нашей собственной пользы в решение проблем со здоровьем. Эти семена взойдут как улучшение нашего здоровья и окружение из эгоистичных людей, использующих нас в своих целях.

Хорошо понимая этот процесс, мы искренне хотим помочь другим людям чувствовать себя лучше, зная, что побочным эффектом наших усилий рано или поздно станет улучшение нашего самочувствия в окружении заботливых людей. Что бы вы предпочли? Как вы думаете, что бы предпочли другие?

Альтернативные практики для хорошего самочувствия

Тай Чи
йога
плавание
Цигун
Альтернативная медицина /лечение травами, гомеопатия, Аюрведическая, традиционная китайская медицина / акупунктура
Использовать приемлемые пищевые добавки
Прогулка 20 минут ежедневно
Заниматься растяжкой
Использовать специи для здоровья
Очищение печени, под наблюдением специалиста
Очистить кишечник, под наблюдением специалиста
Регулярно отдыхайте
    Спать достаточное количество времени
Промывать носовые пазухи
Слушать музыку регулярно
Пение
Танец
Играть
Избегать воздействия загрязнения
Взять домашнее животное, заботитесь о нем с любовью
Регулярно занимайтесь массажем
Социализироваться
Быть включенным и доступным другим
Минимизировать радиационное облучение
Глубоко дышать
Улыбка
Смех
Регулярная медитация
Волонтерство
Жить духовной жизнью
Приучить свое тело и разум к доброте

Защита жизни

Чувствовать себя удовлетворенным, любить, быть любимыми, чувствовать себя в безопасности в этом мире и каждому из нас знать нашу цель, - это простой вопрос создания этих благ для других.

Брайант Макгилл, «Голос разума»

В итоге мы узнаем кое-что о традиционных методах улучшения здоровья. А именно о том, что они не включают более тонкие способы защиты жизни. То, что мы думаем, делаем и говорим по отношению к другим, включает в себя наши действия в отношении животных и насекомых. В рамках нашего этапа планирования мы можем изучить наше собственное текущее и прошлое поведения с точки зрения нашей заботы о других. Для нас оказалось бы очень полезно перестать убивать жуков или использовать пестициды в наших садах. Было бы очень полезно осторожно притормаживать на знаках остановки во время вождения и следовать ограничениям скорости, тем самым защитив чужие жизни. Было бы действительно полезно регулярно выгуливать свою или соседскую собаку или стать донором или волонтером в центре скорой помощи (для животных или людей). Но не навязывайте эти нетрадиционные идеи другим. Не судите других по тому, что они делают, насколько это возможно, - потому что то, что вы видите, является созреванием ваших ментальных семян. Измените эти семена.

Мы все еще говорим о нашем плане заботы о здоровье. Я изучала эти четыре шага долгое время. Я жила группой людей, также изучавших их. Мы стали называть себя «Четырехшаговые друзья». Мы узнаем, как мы служили друг другу, помогая сажать специальные семена для решения проблем. Если нас не окружают единомышленники, люди, действующие таким же образом, нам не нужно объявлять: «Я помогаю вам, чтобы помочь себе». Когда придет время, мы обязательно поделимся этим. Но до тех пор лучше всего держать наше ментальное земледелие при себе.

Я также обнаружила, что попросить кого-то о помощи может быть столь же мощным семенем. Если я вижу кого-то с аналогичной проблемой, и прошу их помочь мне, это посадит несколько видов семян для получения помощи. Я увижу, как другие просят меня о помощи. Человек, который пытался мне помочь, получит помощь, в которой он нуждается, и, наконец, я также получу помощь.

Возникает еще один вопрос. Мы склонны придерживаться предвзятых представлений о том, что означает «помощь» и кто может ее нам оказать. Предвзятые представления блокируют нашу способность распознавать результаты созревания семян, даже когда они прорастают. Возможно, мы отказываемся от чьего-то предложения использовать арбуз быстро, не исследуя его возможности. Несмотря на то, что наш врач дает нам новый препарат, сокращающий снимающий головную боль за час вместо 18 часов, которые обычно требуются, мы думаем, что мы не получаем «результатов семян». Мы ожидали, что наша головная боль исчезнет. И поскольку она еще не исчезла (пока), мы не связываем результат от лекарства, которое нам помогло, с созреванием наших семян. Часть волшебства системы «Четырех шагов» состоит именно в том, чтобы с открытым сознанием и любопытством смотреть, как семена, сознательно посаженные нами, начинают созревать. Возможно, они будут едва уловимыми, а может быть, эти семена будут очевидны. Но вероятнее всего, они будут комбинацией первого и второго. Как только мы начинаем замечать результаты, наша уверенность в практике четырех шагов стремительно растет. Естественно, мы будем применять это и к другим аспектам нашей жизни.

Как еще мы можем найти партнеров для «Четырех шагов», людей с проблемами со здоровьем, похожими на наши собственные? Сегодня существуют группы поддержки для людей с разными видами заболеваний. Обратитесь в местную больницу или кабинет врача, чтобы найти ту группу, которая вам подходит. «Группа поддержки! Фу! » (Заявляет мой собственный разум!) Теперь, когда вы знаете о ментальных семенах, группы поддержки приобретают гораздо больший смысл. Вы почувствуете, что помогаете нескольким людям с подобной проблемой, просто находясь там. Вот почему группы поддержки действительно работают.

Если ваши родители все еще живы и имеют проблемы со здоровьем, они будут хорошими партнерами для Четырех шагов, даже если их проблема отличается от вашей собственной. Это также касается духовных учителей (если они у вас есть), и всех, кто оказал вам значительную помощь в чем-то. Также хорошим кандидатом в партнеры будет любой человек, остро нуждающийся в помощи, поэтому волонтерство в приюте для бездомных или приготовление пищи для бесплатной кухни время от времени - это способы посадки семян для улучшения благосостояния.

После того, как мы запланировали, с кем и как мы будем сажать наши семена, нам необходимо установить график для этого; такой график, которого мы и наш партнер по четырем шагам сможем придерживаться в течение определенного периода времени. Вероятно, такой график не может быть полностью ясен до тех пор, пока вы определили способ помощи вашему партнеру. Как только это станет ясно, вы вместе определите конкретные пути помощи. Это завершит ваш план. Например: «Я предложу моему партнеру плавать в бассейне два раза в месяц в течение четырех месяцев, затем я заново оценю состояние своего здоровья». Конечно же, чем больше мы помогаем другому, тем быстрее созреют наши собственные результаты. Однако мы должны также оста-

Семена улучшения жизни / защита жизни

Отвезти кого-то в больницу / медицинское учреждение, когда возникает такая необходимость
Прогулка с собакой, любой собакой ... (с разрешения владельца собаки, конечно)
Совместно пользоваться автомобилем
Водить автомобиль безопасно и осторожно
Устранять препятствия: буквальные и образные
Поделиться информацией
Слушать других
Повторное использование, переработка и минимизация отходов
Сохранять ресурсы
Регулярно сдавать кровь или тромбоциты
Оставаться дома, если ваша болезнь заразительна
Соблюдать хорошую гигиену
Чаще выбирать вегетарианскую пищу
Подавать вегетарианские блюда, когда есть возможность
Стараться не убивать жуков
Наслаждаться случайными актами доброты
Действовать с вниманием к общему благополучию
Принести еще воды
Выпустить дождевых червей, которые могли быть использованы для приманки
Отпустите корм для рыб и сверчков в их среду обитания
Уделять внимание безопасности дома и на работе
Помогать инвалидам
Искать способы помощи другим
Устранять опасности
Взять животное из приюта и с любовью заботиться о нем
Помогать другому не забыть принимать свои лекарства, в соответствии с предписаниями
Помогать кому-то заниматься регулярно
Добавьте свои собственные идеи ...

ваться благоразумными, учитывая наши собственные графики и обязательства. Проявление небольшой заботы о здоровье с регулярностью, надежностью и высоким намерением - это достаточно значительное изменение в нашем привычном поведении, которое способно повлиять на наши созревание наших семян.

Планирование и регулярное рассмотрение нашего плана само по себе является важной частью процесса посадки ментальных семян, которая способствует быстрому созреванию. Можно весело расслабиться в счастливой фантазии о том, как мы можем помочь людям чувствовать себя лучше. Конечно, полезными и законными способами. Это само по себе сажает мощные семена и укрепляет аналогичные семена, которые уже посажены.

Шаг 3: Преднамеренное действие

Теперь мы переходим к фактической посадке семян. Как мы уже говорили ранее, мы можем посадить семена неясно или с высоким уровнем осознанного понимания того, что мы делаем. Смутно посаженные семена обычно долго остаются в режиме ожидания, поэтому их почти невозможно распознать, когда они созревают. Ментальные семена, посаженные с высоким уровнем намерения (положительные или, не дай бог, отрицательные), гораздо сильнее и поэтому созревают раньше. Результаты таких семян гораздо легче распознать.

Что это за высокий уровень намерения, который нам необходим? На самом деле, существует два намерения, или, точнее, одно из двух частей. Для того, чтобы посадить ментальные семена так, чтобы способствовать их быстрому созреванию, нам необходимо четко помнить о нашем намерении в действии, а также о нашем глубоком понимании того, что «мы пожинаем то, что мы сеем». Чем больше мы это осознаем во время взаимодействия с нашим партнером, тем более сильные семена мы посадим. Это требует подготовки.

Эй, это действительно работает!

История друга, рассказанная Сарани Стампф

У моей подруги было тяжелое время в жизни - с историей нарколепсии с подросткового возраста, и множественными, часто недиагностированными аутоиммунными заболеваниями, включая хронический панкреатит.

Применяя четыре шага, она решила создать группу поддержки нарколепсии. Сначала она поговорила с людьми о том, как начать группу. Затем она встретила женщину, у дочери которой была нарколепсия. Они собрались и дали рекламу старта группы. В первый день они ожидали, что в группу придут только они сами. К их удивлению, пришли 20 человек, которые хотели поделиться своим состоянием, его влиянием и способами, которыми они пытались лечиться. Группа поддержки росла.

В конце концов, моя подруга нашла невролога, и тот назначил лекарство, которое не давало никаких отрицательных побочных эффектов. Чудесным образом, ее страховая компания оплатила это. Лекарство, казалось, позволяло ей ехать на большие расстояния, не засыпая, рано вставать, сосредоточиться на работе и даже работать дольше.

Через некоторое время, она поехала в большой групповой ретрит, в котором отвечала за видеозаписи всех программ. Эта задача требовала, чтобы она вставала рано, была всегда вовремя и работала до поздней ночи. Даже с лекарством она не была уверена, как справится со своими обязанностями. Поэтому она начала радоваться запуску группы поддержки нарколепсии. И? Разумеется, она была вовремя, наготове и в состоянии выполнить свои задачи на ретрите без всяких проблем. Опыт такого изменения дал ей еще большую уверенность в практике помощи другим как способе получать больше возможностей для помощи другим. Это то, что действительно приносит нам счастье.

Сначала мы можем напомнить себе: «Я посещаю эту группу поддержки хронической усталости, чтобы я мог понять, как я помогаю другим с CFS, поэтому я поправляюсь».

Вспомните это, когда вы устанете (!) или будете расстроены. Вспомните, почему вы находитесь в этом состоянии. Попробуйте старую практику: завяжите нитку вокруг пальца с напоминанием о своем намерении, и вспомните о нем при взгляде на нитку. Приклейте стикер с напоминанием на свой кошелек или положите в него картинку с ментальными семенами и носите с собой. Чем больше мы об этом думаем, тем лучше.

Вторая часть нашего чистого намерения даже более важна. Она про числа. Если мы «видим» себя действующим с чистым намерением по отношению к «другому», чтобы помочь им (и конечно себе тоже), мы сажаем одно очень мощное семя, которое вырастет. Если мы видим себя действующим с чистым намерением по отношению к десяти «другим» людям, то мы сажаем 10 мощных ментальных семян, которые, также, все вырастут. Если мы сажаем эти семена с намерением помощи только себе, то эти мощные семена вырастут в помощь, которая нужна нам, но от тех людей, которые всего лишь делают это ради своего собственного успеха. Мы будем окружены эгоистичными людьми в этом мире. Но это не то, чего хотим. Мы хотим быть окружены счастливыми и добрыми людьми, верно?

Мы можем увеличить силу наших семян и предотвратить эгоизм, включив в наше высокое намерение желание, чтобы через нашу помощь все узнали, как оставаться здоровым, помогая другим оставаться здоровыми. Мы имеем ввиду абсолютно всех людей, не оставляя никого за бортом. Какое количество семян мы посадим, если, помогая одному человеку, мы предполагаем, что все в мире выиграют от того, что мы делаем? На самом деле это секретное оружие - намерение, которое делает семена настолько мощными, что они имеют значительное преимущество в созревании над семенами, посеянными без этого возвышенного желания. Мы можем увеличить мощность нашего посева семян, представив, что мы пригласили каждого страдающего CFS в мире в группу поддержки, чтобы они могли помочь другим стать здоровыми, какими хотят быть сами. Затем, в нашем воображении, они все идут и также организуют группы поддержки. Теперь все помогают всем. Вскоре все здоровы. **И мы начали здоровую революцию!**

«Это фантазии», - говорите вы, вероятно, с некоторыми сомнениями на уме. Ментальные семена создаются тем, что мы думаем, говорим и делаем. Наши мысли позволяют нам представить множество действий, которые мы не можем пред-

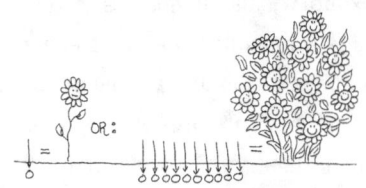

принять в физическом плане. «Как мне это сделать, участвуя в группе?» - спросите вы. «Или помогая на бесплатной кухне, или во время того, как я отвожу своего старшего друга к врачу?» Если мы сейчас посмотрим на наши мысли, мы увидим множество вещей, о которых думаем, пока занимаемся чем-то другим. Направление мыслей в новое мощное русло требует некоторых усилий и подготовки. Но если объяснение о количестве семян истинно - то это стоит потраченных усилий. Если это не так, то для вас, Неверующие Фомы, тем не менее все же будет полезно развивать контроль над нашими случайными мыслями для того, чтобы более эффективно выращивать ментальные семена. Если мы сможем доказать себе, что эта система работает, у нас

Быть ученым

Расказано Карлосом Флоресом

Как только я узнал о технике преднамеренного поведения в целях создания своего будущего, я решил поэкспериментировать с моими повседневными задачами, особенно на работе. На самом деле это то место, где случились некоторые из самых печально известных вещей.

Первое мероприятие, которое я определил как наиболее повторяющееся и выполняемое чаще, чем любое другое на работе, однозначно было походом в ванную. Из этой активности наибольшее внимание уделялось мытью и сушке рук. В нашей ванной комнате были старые ручные диспенсеры для полотенец. В основном вам приходилось нажимать на рычаг пару раз, чтобы получить достаточно бумаги, для суши рук. Я решил сделать это действие более значимым. Для моего первого эксперимента я начал оставлять готовое полотенце для следующего пользователя. У меня была некая искренняя надежда, что пользователю будет более удобно сушить руки, чтобы быстрее перейти к своей следующей цели.

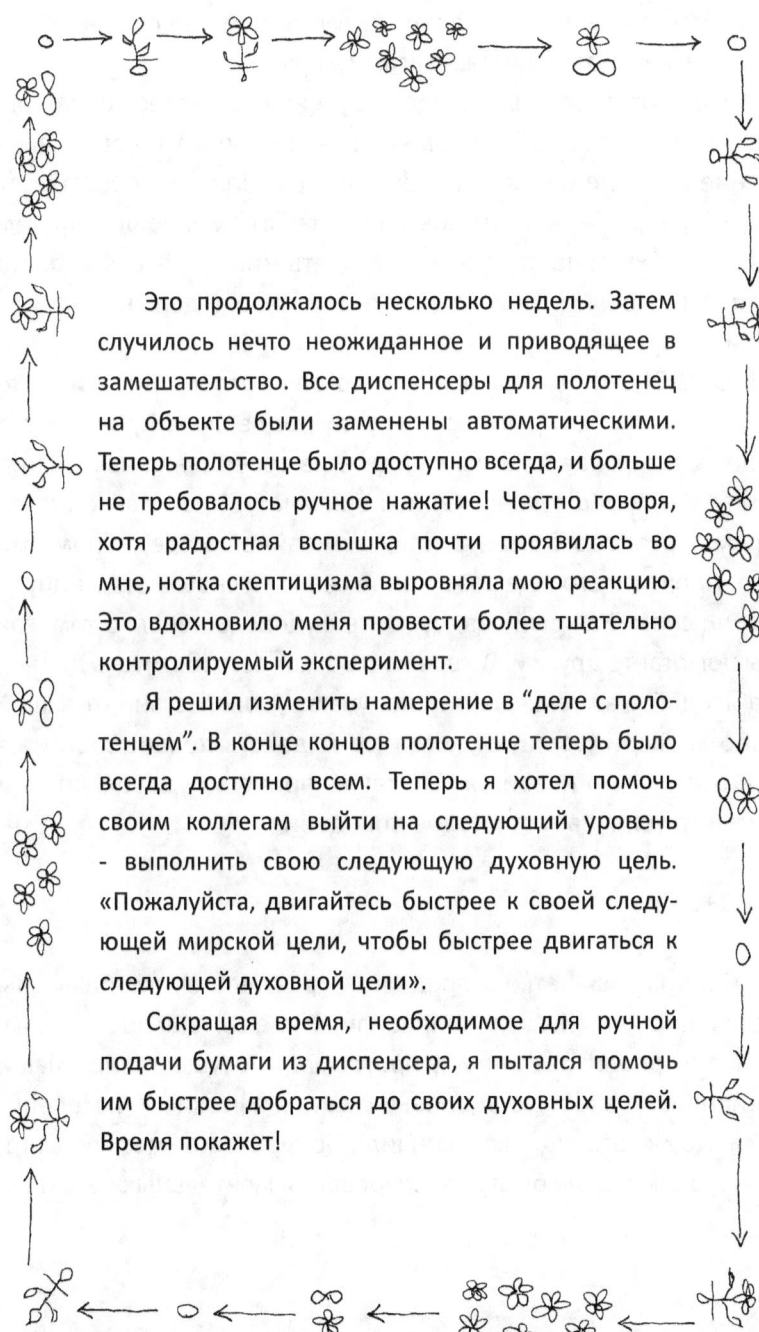

Это продолжалось несколько недель. Затем случилось нечто неожиданное и приводящее в замешательство. Все диспенсеры для полотенец на объекте были заменены автоматическими. Теперь полотенце было доступно всегда, и больше не требовалось ручное нажатие! Честно говоря, хотя радостная вспышка почти проявилась во мне, нотка скептицизма выровняла мою реакцию. Это вдохновило меня провести более тщательно контролируемый эксперимент.

Я решил изменить намерение в "деле с полотенцем". В конце концов полотенце теперь было всегда доступно всем. Теперь я хотел помочь своим коллегам выйти на следующий уровень - выполнить свою следующую духовную цель. «Пожалуйста, двигайтесь быстрее к своей следующей мирской цели, чтобы быстрее двигаться к следующей духовной цели».

Сокращая время, необходимое для ручной подачи бумаги из диспенсера, я пытался помочь им быстрее добраться до своих духовных целей. Время покажет!

появится возможность начать революцию нового поведения, которая распространится по всему миру.

Один из полезных методов обучения нас более сознательному направлению наших мыслей - это написать наше намерение на листе бумаги, и носить его с собой. «Я посещаю эту группу поддержки CFS, чтобы видеть себя помогающим другим людям с CFS. И поэтому я могу создать мир, где все знают, что для того, чтобы получить то, что они хотят, они должны сначала помочь другим получить то, что они хотят. Я начинаю РЕВОЛЮЦИЮ ЗДОРОВЬЯ!» Прочитайте это рано утром. Прочтите это перед тем, как отправиться в группу поддержки. Прочтите его еще раз, прежде чем вы выйдете из своей машины. Прочитайте его перед тем, как войти в комнату. Прочитайте его во время группового сеанса или, по крайней мере, вспомните его. Прочтите его еще раз в конце сеанса и снова когда-нибудь перед сном. Каждый раз, думайте с удовольствием о том, как вы помогаете другим. Во время того, как вы заботитесь других, наблюдайте за тем, как они получают удовольствие от вашей заботы. Люди чувствуют, когда кто-то действительно заботится о них, и им это нравится. Это также приносит удовольствие и нам, что усиливает это новое поведение.

1+2+3

Теперь мы четко определили результаты, которых мы хотим достичь. Мы запланировали, какие семена посадить и с кем. Мы реализовали нашу программу и осуществляем наши действия по заботе о здоровье с двумя высокими намерениями. Но мы все еще не закончили Четыре шага - четыре шага, необходимых для быстрого созревания ментальных семян.

Шаг 4: Радость

> Когда вы совершаете добрые поступки, внутри вас возникает прекрасное чувство.
> Как будто что-то внутри вашего тела отвечает и говорит: «Да, именно так я и должен себя чувствовать».
>
> Гарольд Кушнер

Четвертый шаг – это радость за то, что вы завершили наше хорошее семя/семена. Это очень важная часть, которая говорит вашему подсознанию: «Я сделал то, что собирался сделать.

И я рад, что сделал это. И я буду рад сделать это снова». Радость или счастье за хорошие поступки наших усилий – это вода, которую садовник должен использовать, чтобы его семена проросли и зацвели. Без воды, те семена так и останутся спящими. Вы когда либо были в пустыне? На юге-востоке Аризоны есть голый участок земли между растениями, которые там растут. Камни и грязь, жарко и сухо. И так длится годами. В осеннее и весеннее время изредка идет дождь. И потом, вдруг, те сухие голые участки земли покрываются разноцветными дикими цветами. Цветут золотые маки,

голубые люпины и разноцветный ковер других цветов. Это поразительно, захватывает дух. Они цветут неделями, а затем высыхают и исчезают. Но мы не хотим, чтобы также высохли наши новые, сознательно посаженные, ментальные семена, созревая лишь изредка, когда сходятся все звезды. Мы хотим, чтобы дикие пустынные цветы были в изобилии для всех!»

Группа радостного усилия

Сарани Стампф

На одном из семинаров по технике лечения по 4-м шагам, один из участников рассказал о своей подруге, которая жаловалась на утреннюю слабость и тошноту. Другой участник семинара, который также знал ту женщину, сразу поделилась историями, как та проявляла доброту и помогала другим. Мы все вместе порадовались ее добродетели. И уже на следующей сессии, мы узнали, что ее недуг исчез через несколько часов, после того, как мы вместе радовались за нее!

Для того, чтобы то, чего мы хотим, произошло однажды и продолжало происходить дальше, мы должны привыкнуть радоваться в нашим добрым семенам ежедневно. Мы можем выделить время в наших напряженных днях специально для нашей практики радости. Лучше всего будет делать это каждый день или вечер в одно и то же время - что это поможет укрепить привычку. Но радоваться иногда все же лучше, чем никогда. Мой учитель рекомендует нам радоваться перед тем, как мы ложимся спать. Разместитесь комфортно, говорит он. Положите руку вверх под голову, посмотрите на потолок рассеянным, мечтательным взглядом и подумайте о хороших семенах, которые вы посадили, выполнив четыре шага (когда бы вы ни делали их). Вспомните, как вы планировали это. Вспомните о своем высоком намерении. Вспомните, что вы сделали, чтобы помочь кому-то и как им это понравилось, и насколько это понравилось вам, и подумайте о том, что скоро вы собираетесь это повторить. Дело здесь в том, что вам нужно почувствовать себя счастливыми от того, что вы сделали. Вы не обязаны останавливаться только на одном хорошем деле. Не стесняйтесь радоваться любому доброму делу, в котором приняли участие или видели недавно или давно. Радуйтесь тем же семенам, сколько, сколько хотите. Для ментальных семян не существует срока годности. Радость безгранична.

Должна признаться, я часто засыпаю, прежде чем закончу свой список добрых дел. Однако после нескольких месяцев этой практики я обнаружила, что если я засыпаю посреди списка моих радостей, то когда я просыпаюсь посреди ночи, я автоматически перехожу туда, где остановилась.

Занятым семейным людям может потребоваться запланировать другое время для практики радости. Возможно, единственный раз, когда вы будете наедине с собой, - это время в машине по пути на работу. Организуйте выход из дома на пятнадцать-двадцать минут раньше и просто сидите в своем автомобиле перед отъездом, выполняя практику радости. Или назначьте время для радости во время обеденного перерыва, или в машине перед поездкой домой. Поэкспериментируйте с тем, что работает для вас, но не пропускайте этот шаг. Еще один вариант - поделиться своей радостью со своей семьей. Возможно, за ужином каждый сможет поделиться добрыми делами, сделанными за день. Представьте себе влияние, которое будут иметь семена каждого!

Любопытно, что многие люди испытывают большие трудности с этим самым простым из четырех шагов. Я была среди них. Каждый раз, когда я вспоминала о хороших семенах, которые я посадила, мой разум сразу указывал на мои недостатки: я не делала то, что планировала делать, достаточно хорошо, или мое намерение не было достаточно сознательным, или я хотела что-то сделать, а затем не сделала этого. Для того, чтобы избавиться от этой привычки, потребовались сознательные усилия. Обвинение себя в ошибках или неудачах никогда не приносит

пользы.

Помощь друг другу в исполнении своих здоровых желаний помогает вспомнить «сладкие грезы» каждого в вашем мире, высаживая ментальные семена. Вспомните, насколько хорошо вы чувствуете себя, когда сделали свою часть работы. Результаты всегда больше, чем вы ожидаете. Каждое небольшое изменение, которое мы делаем в том, как мы взаимодействуем с другими, руководствуясь любовью и добротой, будет иметь огромное значение в долгосрочной перспективе. Радость от себя, усилий, которые мы прилагаем, и возможности продолжать делать это поливает эти семена доброты, чтобы они взошли и росли. Она поощряет их созревание, сокращая задержку. Мы заметим изменения. Возможно, мы увидим больше людей с аналогичной проблемой, и наша возможность помочь увеличится. Или могут появиться новые методы лечения. Или мы просто станем более счастливыми, потому что приятно общаться с другими с намерением помочь им каким-то образом. Каким бы ни было улучшение, это только укрепит наш опыт в четырех шагах, сделав каждый шаг проще.

По мере того, как эти положительные результаты кристаллизуются, мы получим большую уверенность в методе и нас самих, пока не убедимся в его истине. Тогда мы сможем легко применить его к другим аспектам нашей жизни, которые мы хотим улучшить: отношениям, процветанию, миру, экологическим проблемам. Нет конца тому, что мы можем создать.

В какой-то момент вашего пути помощи другим вы обретете определенную уверенность. Когда наступит подходящее время, вы сможете сказать своему партнеру по здоровью: «Знаешь, для того, чтобы рецепты лечения, которыми мы поделились друг с другом, начали работать, тебе нужно будет помогать кому-то еще с его здоровьем, таким образом сажая семена для собственного здоровья в своем уме».

Они не поймут, поэтому вам нужно будет поделиться с ними системой 4Х4. Но вы будете так хорошо знакомы с этим, что сможете это сделать. Это будет способствовать революции в охране здоровья, и еще больше ускорит рост положительных семян в вашем сознании.

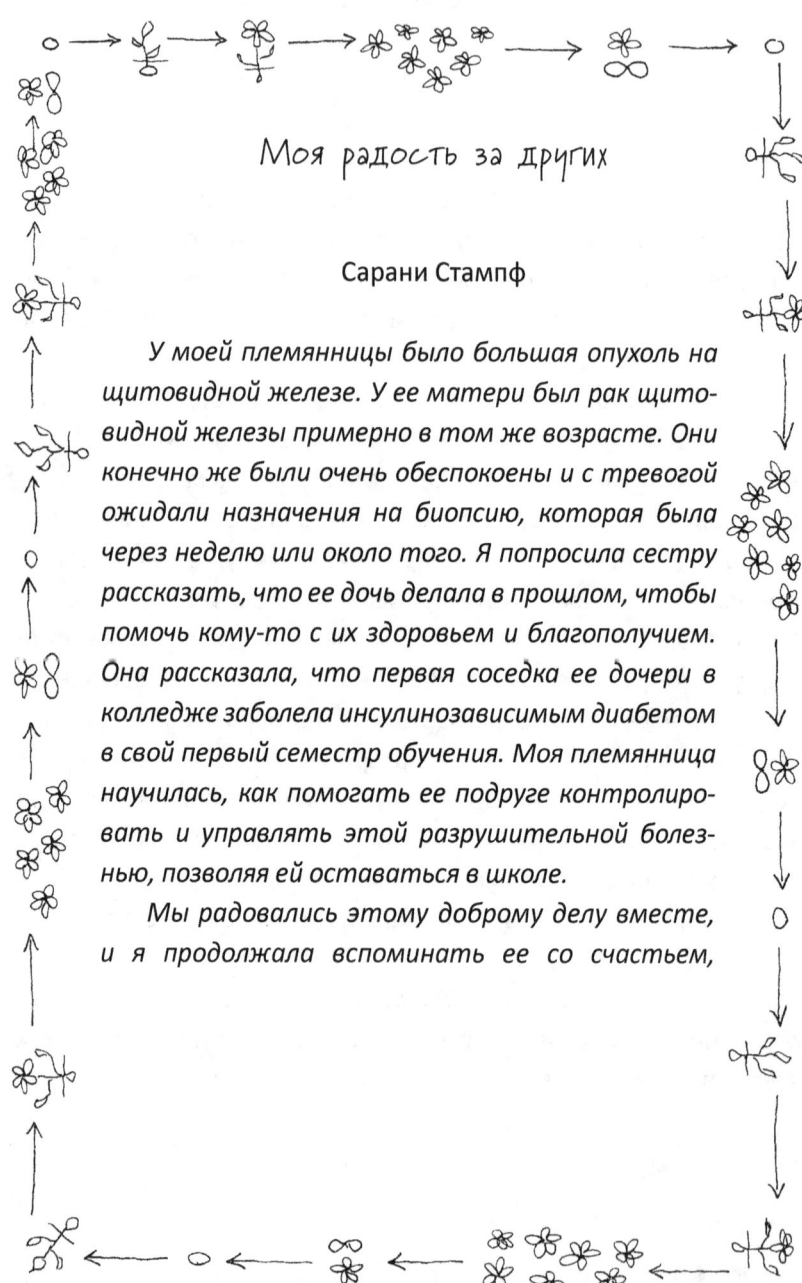

Моя радость за других

Сарани Стампф

У моей племянницы было большая опухоль на щитовидной железе. У ее матери был рак щитовидной железы примерно в том же возрасте. Они конечно же были очень обеспокоены и с тревогой ожидали назначения на биопсию, которая была через неделю или около того. Я попросила сестру рассказать, что ее дочь делала в прошлом, чтобы помочь кому-то с их здоровьем и благополучием. Она рассказала, что первая соседка ее дочери в колледже заболела инсулинозависимым диабетом в свой первый семестр обучения. Моя племянница научилась, как помогать ее подруге контролировать и управлять этой разрушительной болезнью, позволяя ей оставаться в школе.

Мы радовались этому доброму делу вместе, и я продолжала вспоминать ее со счастьем, отправляя свои намерения на положительный результат. Опухоль оказалась кистой, гораздо более распространенной, чем рак. Однако пока она не была обследована, нельзя было сказать - она доброкачественная или злокачественная.

Теперь, когда кто-то говорит мне о своей проблеме или о проблеме у близких, я прошу их поделиться несколькими способами, которыми они помогли другим с аналогичными проблемами. Я призываю их вспомнить эти дела с наслаждением и посвятить свою доброту положительному исходу нынешней ситуации. Я тоже многократно радуюсь их добрым делам, посвящая свои усилия их положительному результату.

Повторим Четыре Шага

Вот Четыре Шага для создания причин тех результатов, которые мы хотели бы испытать в будущем:

Шаг 1. Правильное определение того, что мы действительно хотим, в форме конкретного, лаконичного и позитивного заявления.

Шаг 2. Планирование того, какие действия будут соответствовать критериям для того, чтобы быть причинами желаемых результатов. Выбор, с кем мы будем осуществлять наш план. Создание и выполнение графика этих действий. Обновлять план и радоваться, просматривая его ежедневно.

Шаг 3. Умышленно удерживать наше понимание посева ментальных семян при выполнении запланированных действий. Удерживать также, во время наслаждения нашими добрыми делами, высокую мысль, что я являюсь тем человеком, который распространит этот метод; создаст целую революцию в поведении.

Шаг 4. Радоваться всему тому добру, которое мы создали. Вспоминая об этом, наслаждаясь этим и думая об удовольствии, которое оно принесло другим. Перенося эту радость на другие добрые поступки, осуществленные нами. И решительное намерение проявлять доброту завтра.

Полный Процесс

Аликс Роуланд

Я - риэлтор, не обладающий натурой продавца. Я никогда не хотела заниматься бизнесом, но мне нужно было найти способ зарабатывать достаточно денег для поддержания семьи и отправить моих двоих детей в колледж. Моя семья много лет инвестировала в недвижимость, поэтому во время рецессии, когда наша личная недвижимость обесценилась и ее практически невозможно было продать, я решила стать риэлтором. Моя подруга принял то же решение по тем же причинам. Мы поехали в школу риэлторов вместе и присоединились к брокерской компании в составе команды из двух человек.

Три года спустя я познакомилась с идеей использования четырех шагов для решения бизнес-задач.

1) Моя бизнес-проблема? Мой доход был нестабильным. Иногда я зарабатывала достаточно денег, чтобы оплачивать счета. В других случаях я бывала месяцами без зарплаты и боролась за то, чтобы оставаться на плаву.

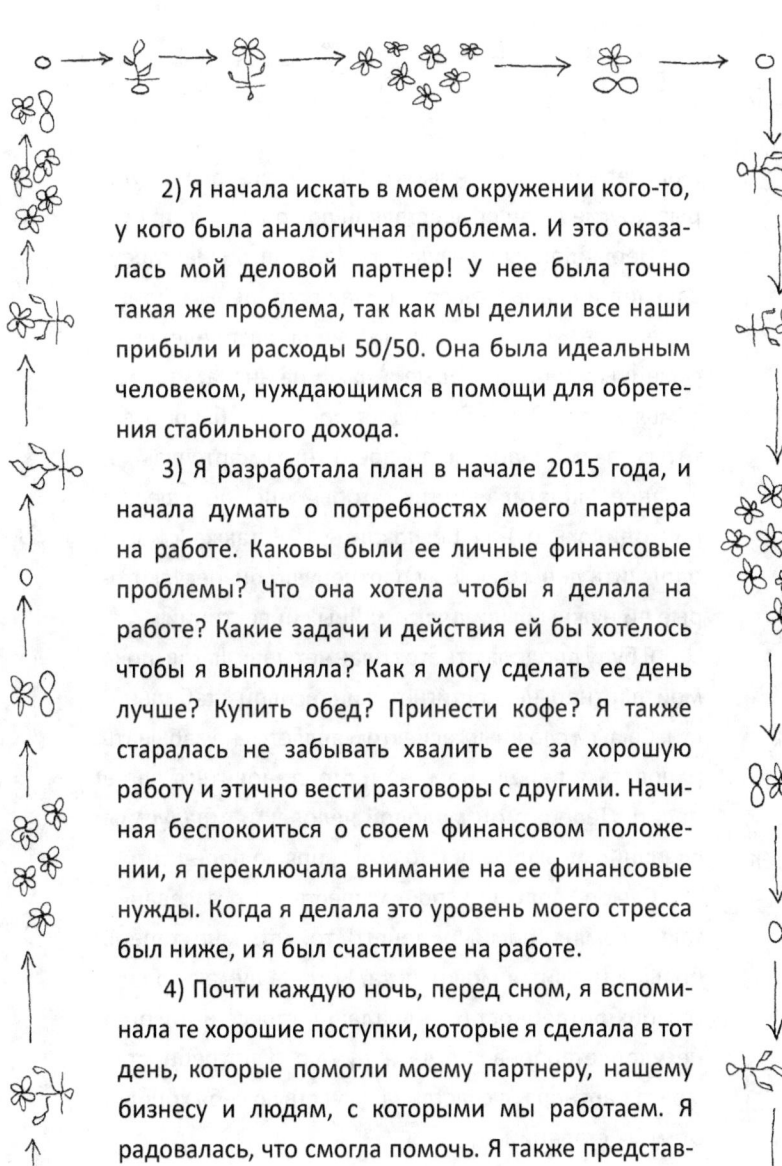

2) Я начала искать в моем окружении кого-то, у кого была аналогичная проблема. И это оказалась мой деловой партнер! У нее была точно такая же проблема, так как мы делили все наши прибыли и расходы 50/50. Она была идеальным человеком, нуждающимся в помощи для обретения стабильного дохода.

3) Я разработала план в начале 2015 года, и начала думать о потребностях моего партнера на работе. Каковы были ее личные финансовые проблемы? Что она хотела чтобы я делала на работе? Какие задачи и действия ей бы хотелось чтобы я выполняла? Как я могу сделать ее день лучше? Купить обед? Принести кофе? Я также старалась не забывать хвалить ее за хорошую работу и этично вести разговоры с другими. Начиная беспокоиться о своем финансовом положении, я переключала внимание на ее финансовые нужды. Когда я делала это уровень моего стресса был ниже, и я был счастливее на работе.

4) Почти каждую ночь, перед сном, я вспоминала те хорошие поступки, которые я сделала в тот день, которые помогли моему партнеру, нашему бизнесу и людям, с которыми мы работаем. Я радовалась, что смогла помочь. Я также представ-

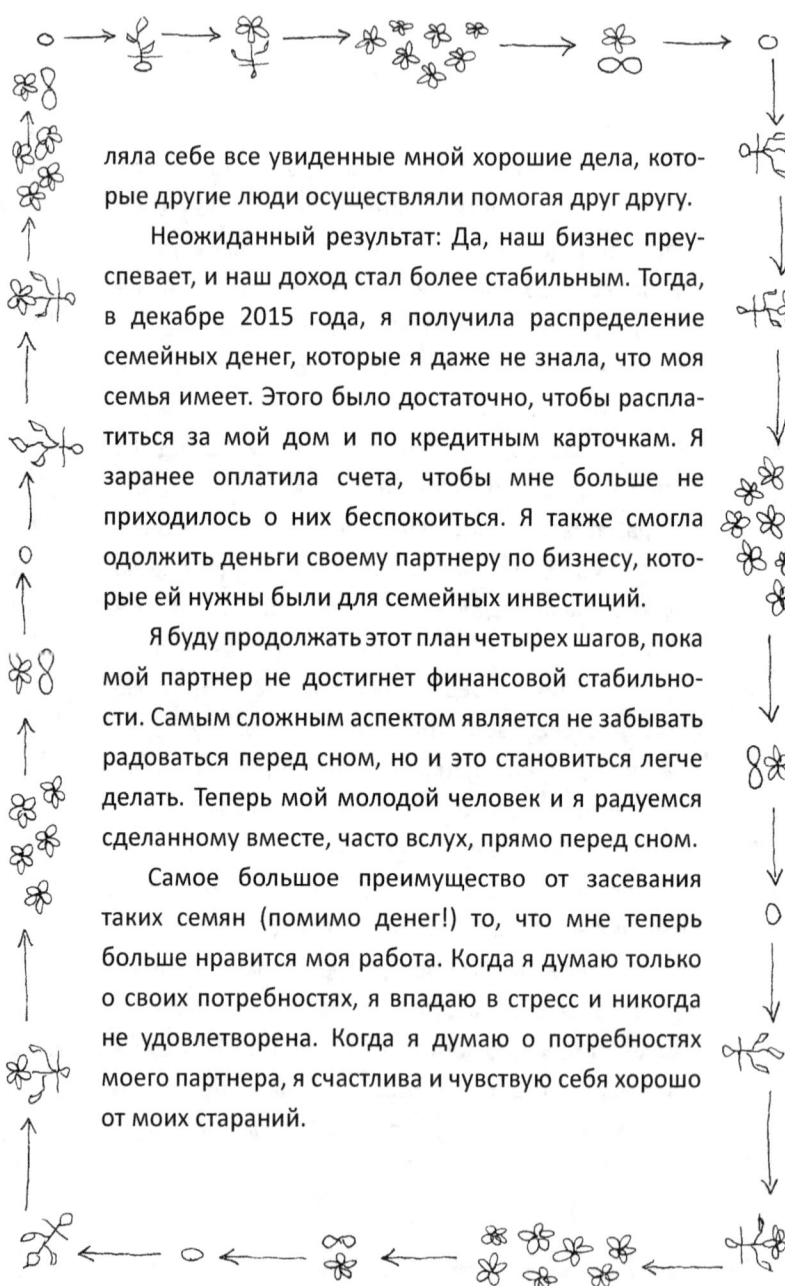

ляла себе все увиденные мной хорошие дела, которые другие люди осуществляли помогая друг другу.

Неожиданный результат: Да, наш бизнес преуспевает, и наш доход стал более стабильным. Тогда, в декабре 2015 года, я получила распределение семейных денег, которые я даже не знала, что моя семья имеет. Этого было достаточно, чтобы расплатиться за мой дом и по кредитным карточкам. Я заранее оплатила счета, чтобы мне больше не приходилось о них беспокоиться. Я также смогла одолжить деньги своему партнеру по бизнесу, которые ей нужны были для семейных инвестиций.

Я буду продолжать этот план четырех шагов, пока мой партнер не достигнет финансовой стабильности. Самым сложным аспектом является не забывать радоваться перед сном, но и это становиться легче делать. Теперь мой молодой человек и я радуемся сделанному вместе, часто вслух, прямо перед сном.

Самое большое преимущество от засевания таких семян (помимо денег!) то, что мне теперь больше нравится моя работа. Когда я думаю только о своих потребностях, я впадаю в стресс и никогда не удовлетворена. Когда я думаю о потребностях моего партнера, я счастлива и чувствую себя хорошо от моих стараний.

Так что вы видите, на самом деле это не так сложно. Но ничего не произойдет само по себе чудесным образом, если у вас не будет правильных семян. Примените это немного, и вы получите небольшой результат, получение которого займет много времени или будет трудно распознать. Примените это так, как будто ваша жизнь зависит от этого, и вы будете поражены изменениями, которые вы испытаете. Проводите некоторое время каждый день размышляя о вашем «Я хочу ...» заявлении и вашем плане помощи другим, чтобы они всегда оставались свежими в вашем уме. Вы можете их немного изменять, как вам нужно, но не переключайтесь на другое «Я хочу ...» или на другой план, пока вы не выполните свое первоначальное обязательство. Возможно вам и не нужно ничего менять в ваших действиях. Через 4-6 месяцев пересмотрите свой список проблем со здоровьем, чтобы увидеть, что изменилось и что теперь требует вашего внимания. Сделайте новое заявление «Я хочу ...» и новый план новых дел и добавьте эту новую радость к старым.

Избавление от нежелательных семян

*Мы сажаем семена, которые расцветут езультатами
в нашей жизни, поэтому лучше всего удалить
сорняки гнева, жадности, зависти и сомнения,
для того, чтобы мир и изобилие утвердились для всех*

Дороти Дэй

Кто-то когда-то поделился со мной этой ситуацией. «Я вижу мощный потенциал в том, что вы рассказали», - сказал он. «Но я не имею проблем со здоровьем. Моя супруга имеет. Но она слишком больна, чтобы заниматься делами заботы о здоровье других. Она чувствует себя слишком плохо, чтобы даже ясно услышать эту вещь о семенах. Возможно ли сделать Четыре Шага, чтобы помочь эй?»

Это подводит нас к 4-му из 4Х4; Четыре Силы для прополки имеющихся у нас семян, которые будут вызывать или уже вызывают то, чего мы не хотим.

Древние писания учат, что это понятие о несуществовании себя, о пустотном характере всех вещей - глубоко скрыто, подразумевая, что это очень трудно испытать напрямую. И Он говорил, что специфическая работа ментальных семян, создающих наши переживания, исключительно глубоко скрыта. Их последствия настолько сложны и обширны, что это находится за пределами понимания человеческим интеллектом.

Но мы можем понять принцип достаточно хорошо, чтобы

его использовать. Это сводится к следующему: если мы испытываем что-то неприятное, это созревание наших прошлых подобных неприятных действий по отношению к другим. Если мы испытываем что-то приятное, это созревание наших прошлых подобных приятных действий по отношению к другим. Если наш супруг или супруга больны, и мы считаем это неприятным, потому что мы хотим, чтобы он/она чувствовали себя хорошо и были счастливы, мы должны признать эту ситуацию как отражение того, что мы каким-то образом вели себя так, что заставляло других становиться и оставаться больными. Вероятно, все еще есть тонкие поступки, которые мы осуществляем, и которые отрицательно влияют на здоровье и счастье других. Чтобы помочь нашему супругу/супруге, нам нужно будет прополоть эти семена и прекратить это поведение, превратив его в такое, которое поддерживает жизнь, здоровье и счастье других, включая нашего супруга/супругу.

Четыре Силы

Есть четыре части этого метода избавления от отрицательных семян. Как и в случае с Четырьмя Шагами, все четыре части должны быть выполнены для успешной реализации. И так же, как и с Четырьмя Шагами, слабо применяемые Четыре Силы дают слабо узнава-емые результаты. Мощное применение Четырех Сил дает мощные результаты.

Четыре Силы:
1. Признание
2. Сожаление
3. Устранение
4. Воздержание

Признание имеет несколько уровней. Сначала начинается осознание того, что у нас должны быть отрицательные семена в нашем сознании, потому что с нами происходят неприятные вещи. Принимая это, мы, естественно, хотим избежать как можно большего количества этих неприятных созреваний. Мы вспоминаем наши знания о ментальных семенах и как они сажаются. Поэтому мы должны прийти к выводу, что мы посадили эти отрицательные ментальные семена посредством наших прошлых мыслей, слов и/или дел. Мы принимаем на себя ответственность и в то же время утешаемся тем фактом, что мы также можем избавиться от этих семян. Мы ощущаем определенное чувство облегчения или защиты (прибежища), которое происходит от знания об этом процессе ментальной посадки семян и их прополки. Зная, что мы можем предпринять определенные действия, чтобы сознательно влиять на процесс. Зная, конечно, что результаты не мгновенные.

Затем нам нужно снова провести инвентаризацию себя и своего поведение. Мы ищем привычки мыслить, говорить и действовать, которые в более явной или скрытой форме вредят,

огорчают или причиняют болезни другим. Это требует честности и готовности смотреть на части нас самих, которыми мы, возможно, не так гордимся. Легче, когда мы можем сделать это непредвзято, как часть процесса прополки, а не просто указывать на наши недостатки. Понимание того, как эти прошлые поступки были обусловлены нашими неправильными представлениями об истинных причинах всех переживаний, помогает в культивировании

этого беспристрастного сердца. Это акт сострадания, чтобы признать ошибочную веру, которая обусловила наш выбор поведения. Это акт сострадания, чтобы взрастить желание измениться.

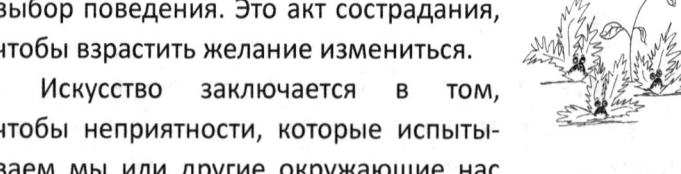

Искусство заключается в том, чтобы неприятности, которые испытываем мы или другие окружающие нас люди - воспринимать как отражение нашего собственного поведения. Иногда связь очень очевидна. Предположим, вы знаете, что у вас проблемы с вашим характером; вы время от времени слетаете с катушек. Тогда в вашей жизни появляется новый человек, склонный к ярости. Если вы практикуете 4Х4, вы сразу узнаете рост и созревание ваших прошлых вспышек гнева. И вероятно, вы решите что-то с ними сделать.

Часто это не так очевидно, особенно в отношении здоровья. Полезным будет проанализировать списки очевидных и неочевидных причин, которые способствуют укреплению здоровья и улучшению жизни. (См. Приложение) При просмотре этих списков мы обдумываем как наше поведение по отношению к другим поддерживает или мешает их здоровью и благополучию. Возможно, кто-то у нас в офисе имеет избыточный вес или диабет. Тем не менее, мы продолжаем приносить печеньки, и делиться ими со всеми, потому что они делают их счастливыми. Вы видите, насколько это сложно? Да, это делает их счастливыми в данный момент или так кажется, но это вредит им в долгосрочной перспективе. Таким образом, мы посадили семена, которые созреют для нас тем, что мы пострадаем от чьих-то усилий сделать нас счастливыми. Мы могли бы принять решение приносить полезные лакомства. Мы проверяем наше собственное поведение, чтобы увидеть что нам нужно изменить, чтобы сосредоточиться на действиях приносящих и счастье и здоровье.

Решите всю следующую неделю уделять пристальное

внимание различным ситуациям, возникающим в ваших взаимодействиях с другими. Вы следите за вашими привычками, которые, вы теперь знаете, приводят к засееванию нежелательных семян. Составьте список этих привычек.

Составьте второй список. Для этого просмотрите свое прошлое, ищите какие-либо события при которых ваши действия преднамеренно или случайно навредили человеку или кому-то другому. Будьте честны и основательны, потому что вы хотите это все выкорчевать.

Как только мы освоим практику Четырех Сил, нам больше не нужно будет составлять списки. Мы применим Четверку в тот же момент, когда мы поймаем себя на засевании отрицательных семян, возможно не в ту же секунду, но на ежедневной основе.

Как только мы составим наши списки, мы готовы применить Четыре Силы. Мы осознали поведение, которое является причиной негативных переживаний, которые мы испытываем. Мы добавляем к этому осознанию наше понимание того, что такое поведение было обусловлено ментальными семенами, повторение которых закладывает новые ментальные семена для подобных отрицательных результатов, и именно эти ментальные семена мы хотим уничтожить, тем самым предотвращая или изменяя их результаты созревания.

Во-вторых, мы применяем силу сожаления. Сожаление - это состояние ума, эмоция, в которой мы глубоко, искренне хотели бы, чтобы мы не сделали то, что сделали. Это сильно отличается от чувства вины. Чувство вины совершенно не полезно; чувство вины только съедает нашу уверенность в себе.

Сожаление, наоборот, это мощная положительная сила, которая влияет на негативные ментальные семена также как выливание гербицида на сорняк. Оно останавливает его рост, хотя нам еще остается вытащить сорняк, чтобы очистить сад.

Классическое объяснение сожаления, перефразированное, выглядит следующим образом: три разгоряченных и уставших парня бросаются в бар чтобы освежиться. Они указывают на бутылку: «Мы будем это». Бармен поспешно хватает бутылку и наливает три рюмки. Они «салютуют», чокаются и опрокидывают свои рюмки одновременно. Спустя несколько мгновений один парень вдруг падает замертво. Остальные два смотрят друг на друга, и в это время, второй парень тоже падает замертво. Третий парень в этот момент чувствует настоящее, глубокое сожаление, за то, что выпил это, что бы это ни было.

Сожаление обычно возникает, когда мы признаем, что поступок, который мы совершили вернется, чтобы навредить нам. По мере того, как мы становимся лучше в наших 4Х4, сожаление также возникнет, когда мы осознаем, что наши поступки, мысли или слова вернутся, чтобы навредить и другим. Культивирование сожаления способствует усилению наших стараний быть более добрыми и более осознанными в том какие семена мы сажаем во время нашего взаимодействия с другими. Это естественно приводит нас к желанию сделать что-то, чтобы компенсировать нашу ошибку.

В части 3 мы применяем противоядие. Противоядие - это то, что мы применяем, чтобы сделать неправильный поступок правильным. Для того, чтобы исцелить себя или кого-то еще, нашим противоядием могут быть наши Четыре шага для посадки новых семян, которые мы хотим. Чтобы применить противоядие, мы можем просто пересмотреть третий из четырех шагов: преднамеренное действие. Мы расширяем наши высокие намерения до: «Я хожу в группу поддержки людей с синдромом хронической усталости, чтобы увидеть себя сажающей семена помощи другим, в качестве противоядия семенам нанесения вреда другим, а также чтобы создать революцию в здравоохранении...»

Теперь, если мы выполняем наше намеренное исцеляющее действие один или два раза в месяц, мы захотим найти другие способы чаще применять наше противоядие. Хорошо в качестве действий противоядий совершать действия противоположные тем, которые привели к посадке нежелательных семян. Возможно, в прошлом мы были вовлечены в какой-то

Исцеление Не Всегда Проявляется так, как Мы Ожидаем

Маргарет Нунан и Сарани Стампф

Мой 25-летний племянник был диагностирован и лечился от рецидива рака языка. У меня была возможность провести какое-то время с его матерью, моей золовкой. У меня также была подруга, проходящая лечение от рака молочной железы. Используя ее в качестве примера, я поговорила с Маргарет о ментальных семенах защиты жизни как средстве изменить у близкого человека созревающие семена с опасной для жизни болезнью. Я поделилась тем, что хочу купить дождевых червей, предназначенных в качестве приманки для рыбалки, и выпустить их в ее сад, чтобы посадить семена защиты жизни в моем сознании и посвятить защиту их жизни тому, чтобы рак моей подруги реагировал на лечение (что он и делал, по крайней мере, до сих пор). Маргарет сказала: «Тогда я тоже куплю червей от имени Кирка».

Мы отпустили много, много дождевых червей на влажной земле ее цветников. На следующей неделе компьютерная томография ее сына показала, что опухоль была полностью удалена

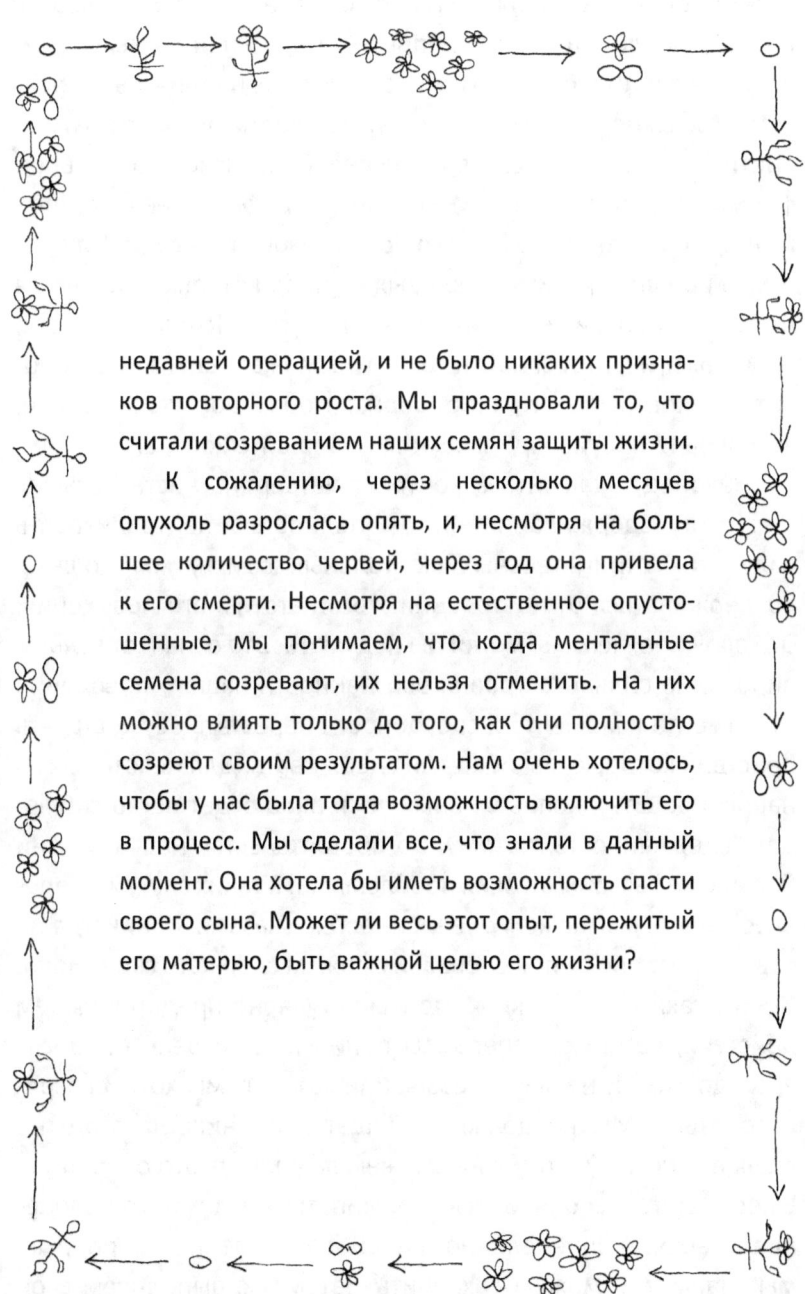

недавней операцией, и не было никаких признаков повторного роста. Мы праздновали то, что считали созреванием наших семян защиты жизни.

К сожалению, через несколько месяцев опухоль разрослась опять, и, несмотря на большее количество червей, через год она привела к его смерти. Несмотря на естественное опустошенные, мы понимаем, что когда ментальные семена созревают, их нельзя отменить. На них можно влиять только до того, как они полностью созреют своим результатом. Нам очень хотелось, чтобы у нас была тогда возможность включить его в процесс. Мы сделали все, что знали в данный момент. Она хотела бы иметь возможность спасти своего сына. Может ли весь этот опыт, пережитый его матерью, быть важной целью его жизни?

акт убийства, о котором мы теперь сожалеем. Это было давно. Мы не думали, что это так неправильно, но теперь мы видим, что семя растет и будет возвращаться очень неприятным образом. Мы искренне сожалеем об этом и хотим применить наше противоядие. Это средство должно быть какой-то сильной формой спасения жизни. Мы могли взять домашнее животное из приюта, которое возможно под угрозой эвтаназии. Или мы можем решить купить дождевых червей, которые продаются для рыболовов, и выпустить их в чей-то сад. Используйте свое воображение, чтобы найти то, что вы можете сделать. Установите конкретный контракт с собой, который достаточно силен, чтобы быть противоядием. Затем завершите контракт.

Наконец, включить в контракт четвертую часть Четырех Сил, силу сдерживания. Чтобы полностью нейтрализовать силу этих отрицательных ментальных семян, мы должны воздерживаться от повторения этого негативного поведения. Это сложнее, чем мы могли бы подумать. Это означает культивирование сильного уровня осознанности нашего поведения от момента к моменту и способности перестать осуществлять действия которые мы обещали сдерживать. Для некоторых из наших прошлых неправильных поступков будет легко соблюдать сдержанность, потому что обстоятельства нашей жизни больше не связаны с этими проблемами. В таких случаях, вероятнее всего, мы можем с уверенностью сказать: «Я никогда не совершу этот поступок снова», и сможем сдержать свое слово. Но мы также обнаружим, что мы регулярно предпринимаем действия, которые, теперь мы понимаем, косвенно наносят вред другим, и на выкорчевывании которых мы хотим сосредоточиться. Мы не должны обещать, что никогда этого не сделаем, потому что мы не сможем выполнить это обещание. Вместо этого мы обязуемся сдерживать себя от этого поведения в течение определенного периода времени, которое, как мы знаем, мы можем сохранить. Затем мы выполняем свое обещание. Мы неоднократно применяем Четыре Силы к этой старой привычке, увеличивая время такого воздержания, пока это привычное поведение не закончится.

Скажем, у нас есть привычка проезжать через определенный знак стоп не остановившись, и мы решаем, что мы сажаем отрицательное семя, что может привести к нанесению вреда нашей собственной или чужой жизни. Мы решаем применить Четыре Силы, чтобы выкорчевать все прошлые такие семена, поэтому мы знаем, мы должны воздерживаться проскакивать этот знак стоп. Но, давайте быть честными с самими собой, сможем ли мы изменить эту привычку только от того, что решим больше так не делать? Итак, мы начинаем с того, что: «Сегодня я полностью остановлюсь перед лимитной линией несмотря на то будут ли за мной другие машины». Затем сделайте это!

Мы определяем воздержание таким образом, только один день за раз, пока это не станет легко - полностью остановиться на этом знаке стоп. Затем мы можем применить это к другим знакам стоп и другим привычкам вождения. Это может стать как игра. Когда мы замечаем, что мы снова проскочили знак стоп, мы сожалеем об этом, вспоминаем намеченное действие противоядие и повторяем попытку применения силы сдержанности. Это с каждым разом становится легче и проще, и на самом деле все веселее и веселее. По мере того как мы начинаем наносить ущерб способности созревать отрицательных семян, мы испытываем меньше неприятностей. Текущие неприятности исчезают. Мы становимся счастливее, и люди вокруг нас становятся счастливее. Удивительно, но в какой-то момент мы можем даже не возражать против неприятностей, которые все еще возникают, потому что они показывают нам, как еще можно применить Четыре Силы.

Повтор Четырех Сил

Повторим Четыре Силы: Первая часть - **признать**, какое отрицательное ментальное семя у нас созревает и какое еще ожидает, чтобы созреть. Мы **вспоминаем**, что сила Четырех Сил заключается в том, чтобы иметь возможность повредить эти семена в достаточной мере, чтобы изменить их или полностью предотвратить их созревание. Мы создаем сильное чувство сожаления о совершенном действии (мысли, слове и поступке, помните), которые посадили эти семена сорняков. Мы выбираем действие **противоядия**, которым может быть намеренно и регулярно совершать обратное. Наконец, мы **воздерживаемся** от повторения этого негативного поступка в соответствии с нашим обещанием самому себе. Было бы мудро завести привычку пересматривать в конце дня свой день, чтобы применить практику Четырех Сил к чему бы то ни было, что мы совершили и не хотели сеять. В этом случае **противоядием**, которое мы применяем, может быть наша практика радости из наших Четырех Шагов. Мы можем установить нашу силу воздержания на поведение на следующий день. Или, возможно, установите нашу силу воздержания перед применением радости, если мы заснем радуясь!

Обзор 4х4

4 Закона	4 Цветка	4 Шага	4 Сил
Определено	Раскрывается Как похожее	Знай чего хочешь	Распознавание
Семена растут	Раскрывается как привычка	Спланируй, как помочь другому достичь того, что он хочет	Сожаление
Не посаженное не может прорасти	Раскрывается как условия	Соверши намеренное действие	Коррекирующуе действие
Посаженное прорастет	Сеется / раскрывается за 65 / миг, никогда не иссякнет	РАДУЙСЯ!	Воздержание

Завершение: чем это может быть?

Этим завершается объяснение набора "4 по 4" и того, как применить это в наших жизнях:

Четыре Закона о ментальных семенах и о том, как они функционируют.

Четыре Цветка и то, как они раскрываются четырьмя способами.

Четыре Шага, чтобы сознательно посадить семена того, что мы хотим в будущем.

Четыре Силы, чтобы выполоть существующие семена неприятностей, о которых мы знаем, и перестать создавать новые.

Тот, кто овладел набором «4 по 4», увидит себя обособленным наблюдателем. Он или она понимает, как семена постоянно открываются и пересаживаются из-за его же собственных реакций. Этот человек культивирует способность осознанно выбирать реакцию на любую данную ситуацию с любящей добротой. Он быстро осознает, когда, напротив, реагировал эгоистично и сожалеет. Он, возможно, немедленно применяет противоядие и использует свое ограничение. По крайней мере, он делает свою практику Четыре силы ежедневно.

Какого это, быть рядом с тем, кто применяет "4 по 4"? Этот человек наблюдает за собой со стороны обособленного наблюдателя. Скорее всего, он занят, помогая людям любыми возможными способами. Он добрый, мягкий, счастливый, покладистый, неосуждающий, открытый, имеет заметное чувство довольствия и спокойствия, потому что он знает, откуда все возникает, и что с этим делать. Нежели расстраиваться, что его вытеснили с его места в самолете, он взаимодействует с бортпроводником с подлинными добротой и терпением.

Если у вас достаточно хороших семян, чтобы видеть кого-то в вашей жизни, кто воплощает этот тип счастья, с ощущением довольства и спокойствия, вы можете спросить его или ее – была ли она рождена такой, или она научилась тому как развивать это. Если она скажет, что научилась, попросите ее помочь вам также научиться этому. Это чрезвычайно полезно, иметь личного учителя, который бы провел нас через перемены, о которых мы говорим. Этот определенный человек, возможно, использует набор "4х4", а возможно и нет, но моя догадка в том, что они знают истину: " Мы пожинаем то, что сеем; мы пожинаем то, что посеяли; мы не можем пожинать то, что не посеяли и мы будем пожинать то, что сеем сейчас". Попросите ее помочь вам научиться тому, какие семена вам нужно посадить, и какие семена нужно перестать сажать, чтобы стать похожей на нее; глубоко умиротворенной и счастливой. И тогда вы сможете обучать других.

Ты не просто благословлен для себя самого,
Ты благословлен для того,
чтобы быть благословением для других.

Ифеануй Иноч Онуоха

Для практикующих здоровье

Простой акт заботы героичен
Эдвард Алберт

ДЛЯ ТЕХ, КТО ПРАКТИКУЕТ ЗДОРОВЬЕ

Спасибо вам за то, что читаете эту книгу о другом способе мышления, про здоровье и хорошее самочувствие. Я надеюсь, это покрывает недостающее звено, которое сможет помочь вашей практике заботы о здоровье, чтобы она была более удовлетворяющей для вас. Люди, которые связаны с медициной и профессиями, помогающими здоровью, находятся в уникальной позиции быть способными организовать эту революцию поведения наших пациентов, с того момента, как докажут, что это работает для них самих. Лишь одной вещи недостает в нашей системе медицины. И этим является намеренное засаживание семян улучшения здоровья в сознаниях наших пациентов. Мы поддерживаем их профилактическое здоровое поведение, пытаемся помочь им бросить курить, сбросить вес, регулярно заниматься физическими упражнениями, влияем на их употребление алкоголя. Но мы не направляем их на успех в этом поведении, помогать другим с похожими как у них потребностями. А могли бы.

Мы могли бы быстро написать особенный рецепт, в котором было бы сказано: "чтобы излечиться от артрита, найдите кого-то с такой же проблемой и приводите его на водную аэробику раз в неделю". Медсестры, терапевты, массажисты, консультанты — вы все можете давать конкретные рекомендации своим пациентам, чтобы они участвовали в активностях, помогающих чужому здоровью.

Без всех четырех частей Четерех Шагов, результат будет неопределенный. Но только этот небольшой шаг в виде рекомендации людям помогать другим, чтобы улучшить их собственные результаты лечения, мог бы начать революцию в заботе о здоровье.

Я знаю одну вышедщую на пенсию работницу сферы здравохранения, которая сейчас предлагает исцеление здоровья при помощи энергии. В качестве цены за свои услуги, она просит клиента сделать 3 действия помощи здоровью кого-то еще. И что бы это было сделано до встречи с ней. Клиент делится совершенными поступками, и они оба радуются им во время проведения процедуры. Ее сеансы лечения проходят весело и взбодряюще.

Специалисты здравохранения также имеют возможность направлять людей к другим людям в качестве помощи. Различные группы поддержки могут рекламироваться и им может оказываться помощь в чьем-то офисе или в ближайшей больнице. Сетевая система пациентов, которые понимают 4Х4 и ищут других, которые согласились бы принять их помощь, может помочь людям находить друг друга и следить за их взаимодействием. Образовательные семинары могут преподавать пациентам полный процесс. И, хотя я мечтаю наяву, давайте добавим, что это все будет поддерживаться страховыми компаниями, потому что они признают экономическую выгоду в том, чтобы поддерживать людей осуществлять поведение, которое поддерживает здоровье.

Еще в 1980-х годах Кен Кейс-младший опубликовал книгу "Сотни обезьян" (Vision Books, 1982). Она была основана на социологических исследованиях различных групп обезьян, живущих на разных островах, окружающих Японию. Исследователи заметили одну мать-обезьяну, у которой была привычка мыть картошку, прежде чем ее съесть. Конечно, ее дети тоже мыли свой картофель. Но, что любопытно, через несколько лет обезьяны на разных участках этого острова начали мыть свою картошку, хотя раньше они этого не делали. Потом, к всеобщему удивлению, обезьяны на других островах тоже начали мыть картошку. Короче говоря, эти данные были использованы для выдвижения гипотезы о глобальном сознании (в данном случае для этого вида обезьяны), которое было затронуто, как только определенное количество индивидуумов приняло новое поведение. Следовательно, «сотая обезьяна», которая переняла это поведение, спровоцировала его появление у всего вида обезьян, где бы они ни жили. (По-видимому, скептики считают, что по крайней мере одна обезьянка-мойщица картофеля, переплыла на другой остров и таким образом повлияла на обезьян там).

Является ли человеческое глобальное сознание истинным или нет, я не знаю. Но мне нравится концепция, что любой из нас может быть «сотой обезьяной» и вызвать сдвиг в сознании человечества в том как восстановить и сохранить здоровье и благополучие.

Я рекомендую вам попробовать систему 4Х4 для какой-то из ваших собственных проблемы. Докажите ее пользу самому себе. Тогда, пожалуйста, поделитесь ей любым доступным вам способом, посредством ваших взаимодействий с теми, кому вы помогаете. Я предчувствую, что ваше чувство удовлетворения терпеливым вниманием и удовольствие от вашей практики резко возрастут. Если бы каждый из нас, кто предпринял попытку доказать это себе, и обучил этому только десять других людей, и даже если бы из этих десяти только один продолжил,

Сострадание к Состраданию

Ширли Данн Перри

Работая медсестрой я была свидетелем невыносимой боли и страданий. В какой-то момент, будучи молодой медсестрой, я приняла решение, что перед лицом страданий я буду проявлять любовь наилучшим возможным образом. Возможно, я не смогу изменить жизненную травму людей, но я передам любовь, которую я получила в своей жизни.

Одна из моих пациенток, Рут, умирала. Каждое крошечное движение причиняло ей ужасную боль. Мы вливали в ее вены огромное количество болеутоляющих препаратов, и так и не смогли помочь ей чувствовать себя комфортно. Однажды ночью, когда я повернула ее, она закричала от боли. Я села у ее постели и расплакалась, говоря ей что сожалею, что причинила ей боль. Я опустила голову на нее, села на край ее кровати и всхлипнула. Когда я плакала, Рут с большим усилием подошла ко мне и погладила мои волосы. Я никогда не забуду сочувствие и любовь, которые она проявила.

доказал себе и обучил еще десять, эффект все равно распространился бы с невероятной быстротой. Люди бы слышали о методе во многих разных контекстах, поскольку все делились бы с другими. Наконец, это бы стало поведенческой нормой, чтобы помогать другим выполнять то, что они хотят и в чем нуждаются, для удовлетворения собственных потребностей и желаний. Все помогают всем.

Вопросы и ответы

Тогда зачем вообще принимать лекарства? Зачем идти к врачу? Зачем делать что-либо для себя?

Нам нужно различать между «как», поверхностные причины и «почему», более глубокие причины созревания ментальных семян. Это правда, что если у нас есть ментальные семена, которые созревают, чтобы наша болезнь была исцелена, все может стать средством для того, чтобы это произошло. Очевидные обстоятельства становятся средством, которое созревает, способствуя новому восприятию: выздоравливать или излечиваться. Созревание ментальных семян, которые были созданы помогая другим, - это «почему» лекарство, которое мы принимаем, работает чтобы исцелить нас. Принимать лекарство - это «как» исцеление происходит. Поэтому иногда медицина работает, а иногда и нет. Потому что без «почему» созревания «как» не может случиться. Тем не менее, они обычно очень тесно связаны. Обратиться к врачу, когда мы больны и получить лекарство от нашей

болезни - разные ментальные семена, которые тесно связаны между собой. Одно часто созревает следом за другим. Но опять же, не всегда, что доказывает систему.

Проведите эксперимент в следующий раз, когда вы испытаете самопроходящий недуг, например, простуду. Обычно простуда длится от семи до десяти дней, независимо от того, что вы делаете. Вероятно, вы сможете распознать когда вирус вас заражает, и затем удаляется из вашей системы. У вас, скорее всего, есть любимый способ смягчить свой дискомфорт, пока ваше тело борется с ним. В следующий раз, когда вы узнаете первые симптомы простуды, возьмите витамин С, таблетки от простуды, эхинацею, противоотечное средство или другое лекарство, которое вам нравится, и поделитесь им с людьми в вашей жизни, особенно с теми, кто также плохо себя чувствует. Будьте особенно полезны кому-то любым возможным способом с намерением быстрее избавится от простуды и создать «революцию в системе здравоохранения». Вы можете справиться с болезнью своим обычным методом, но следите за тем как прогрессирует ваша простуда, и проходит ли она быстрее. Возможно, в первый раз, когда вы это сделаете, не будет большой разницы. Но я утверждаю, что вы увидите разительный эффект после нескольких попыток лечить вашу простуду, помогая другим.

Также полезно «зарядить» лекарство, которое вы собираетесь использовать, ментальными семенами заботы о здоровье, которые вы предварительно посадили (в любое время когда либо ранее). Перед тем, как принимать лекарство или что-то еще, что вы собираетесь делать, подумайте: «В этом веществе нет ничего, что могло бы исцелить меня, поэтому оно может исцелить меня.» Я призываю силу моих ментальных семян заботы о здоровье других созреть, и это лекарство поможет мне». Вспомните конкретный поступок, который вы предприняли, чтобы помочь другому. Почувствуйте счастье, что вы сделали это и планируете в будущем подобным образом помогать. Затем примите лекарство. Подберите нужные слова в соответствии с вашей уникальной ситуацией.

Что, если я живу один и не имею возможности выходить из дома? Как я могу заботиться о здоровье других? Как найти кого-нибудь, чтобы помогать?

Если вы действительно одиноки и никогда ни с кем не видитесь, тогда вы можете делать все это в своем воображении. Это будет также работать, но требует дополнительной тренировки выходящей за рамки этой книги. Но вряд ли кто-то из нас настолько изолирован. Любой, кого вы знаете, может быть вашим кармическим партнером о здоровье которого вы будете заботиться, даже если он кажется вам совершенно здоровыми. Поделитесь с ними информацией из журнала или интернета о профилактике заболеваний. Поддерживайте связь с теми, кого вы знаете по телефону или через интернет. Регулярно спрашивая о них, будучи действительно заинтересованными в том, чтобы слушать как они себя чувствуют, не переводя разговор на ваши собственные потребности, вы можете сажать исцеляющие семена в своем собственном уме.

Много лет назад у меня была пациентка, которая не могла выходить из дома. Она была сильно искалечена и страдала от боли. Я навещала ее еженедельно, чтобы сделать иглоукалывание от боли. Она была одна, если не считать ее попугая. Это была огромная и болезненная борьба для нее, чтобы переместиться с постели на инвалидное кресло в туалет и обратно, что было единственной причиной по которой она оставляла свою кровать. Я обещала ей, что до тех пор пока она может совершать это перемещение, она может оставаться дома. Когда она больше не сможет этого сделать, ей нужно будет пойти в дом престарелых.

У нее были все условия, чтобы быть несчастной, жалующейся, недовольной женщиной, но она не была. Она всегда была жизнерадостна и хотела расспросить меня обо мне, о моем муже, о моем доме, о моих путешествиях. Ей хотелось обо всем этом услышать. Я однажды выразила свое удивление ее отношению. Она сказала: «Я так долго искалечена и ограничена. Я научилась, что могу жить опосредственно через других. Это так приятно слышать о том, что вы делаете». Я считаю, что именно это прекрасное отношение привлекло многих людей, которые помогали ей оставаться дома так долго. Она умерла дома, после небольшого пребывания в больнице.

Что, если мой партнёр о здоровье которого я забочусь, откажется от моей помощи?

Это пример забывания о задержке во времени между посевом семян и созреванием результатов. Видеть себя сосредоточенным на том, чтобы помочь кому-то улучшить здоровье - сеет семена. Видеть, что человек отказывается от нашей помощи, это результат созревания наших прошлых семян, когда мы отказались от помощи других. Это не сводит на нет семя, которое мы посадили. Но это показывает нам что-то о себе, что-то, что мы хотели бы выполоть. Тем не менее, есть много других людей, которые могли бы быть нашими партнерами для заботы об их здоровье. Нет никакой необходимости навязывать кому-то наши попытки помочь. Если человек, с которым вы связались для планирования своих 4-х шаговом, говорит: «Спасибо, но нет, спасибо», просто найдите кого-нибудь другого.

Что, если то, чем я с ними делюсь, причиняет им боль?

Здесь снова демонстрация задержки между посевом семян и их созреванием. Хотя мы сможем увидеть это таким образом, **осознавая разницу между «почему» и «как»**, человек, которому причинили боль не понимает, и вряд ли будет заинтересован в том, чтобы услышать об этом. Он будет обвинять вас.

Это деликатная ситуация, и, честно говоря, очень часто случается. Почему я так говорю? Потому что результат созревания переживания, когда кто-то видит себя страдающим от причинённой боли, исходит из того, что мы причиняли боль другим в прошлом. Или от того, что мы обвиняем других в причинении нам боли. Может ли кто-нибудь из нас честно сказать, что у нас нет таких семян от прошлого поведения? Не забывайте, что мы включаем нечеловеческих живых существ в качестве объектов, действуя по отношению к которым мы сеем семена которые всходят.

Чтобы уменьшить вероятность созревания этих негативных результатов, мы применили бы Четыре Силы к нашим прошлым действиям-нанесения-вреда-другим, прилагая особые усилия в практике воздержания от этих действий. Даже воспоминание о наших прошлых растущих актах заботы о здоровье может быть частью нашего противоядия, поскольку это помогает укрепить эти положительные семена.

Мой опыт работы медсестрой показал, что качество взаимоотношений между пациентом и медицинским специалистом глубоко влиял на реакцию пациента в случае негативного результата. Пациенты, которые чувствовали, что их доктор заботится, обеспокоен и искренне заинтересован в них, включал их в процесс принятия решений - принимают плохие результаты не обвиняя специалиста.

Эта система поиска партнера для заботы для того, чтобы исцелить себя, может привести к ситуации когда партнер чувствует себя использованным и подвергнувшимся насилию при возникновении неприятных результатов. Имея в виду все нюансы нашего восприятия и семян, которые были посажены, мы будем оставаться чувствительными к необходимости быть подлинными в нашем желании помочь другому человеку с его здоровьем. Это не обязательно устранит нежелательный результат, но, скорее всего, это позволит нам продолжить отношения с ним и помочь им в дальнейшем.

Это также напоминание о том, чтобы тщательно обдумать какие концепции о заботе мы разделяем с людьми. Нам не нужно находить какое-то лекарство от рака в интернете. Для посадки улучшающих здоровье семян достаточно здоровых, обычных, хороших методов сохранения здоровья.

Я пробовал много раз и до сих пор не могу изменить некоторые старые привычки. Что мне делать?

Да, я знаю, что некоторые старые привычки умирают с трудом! Это помогает быть добрым к самому себе в отношении ваших неудачных попыток. Помня о том, что все это движимо ментальными семенами, вы можете сочувствовать себе и укрепить свою решимость попробовать другой путь. Если вы еще не применили четыре Силы к привычке, которую хотите остановить, это будет первым шагом. Будьте предельно точны в применении четырех частей к вашей конкретной привычке. Также хорошо иметь учителя, который может вам помочь. Я обнаружила, что если мое определение привычки, которую я хочу сломать, слишком широкое, слишком неспецифичное, я не могу применить Четыре Силы достаточно сильно и увидеть результаты быстро.

Например, мы могли бы сказать: «Я хочу перестать кусать свои ногти». Но есть глубинная причина, из-за которой у нас есть потребность в таком поведение, и которая должна быть выполота. Возможно, это беспокойство, скука или самоуничижение. Как только мы это выясним, мы сможем затем применить наше признание привычки как созревание ментальных семян и вызвать наше сожаление. Сожаление не только за привычку, но и за то, как мы вызвали подобную глубинную эмоцию в других, и как следствие переживаем ее сами и укореняем нашу привычку. Затем мы даем наше обещание предпринять искренние усилия, чтобы сдерживать себя и применять наши действия противоядия.

В моей работе с другими я обнаружила, что если какая-либо из Четырех Сил не была применена достаточно сильно, привычка не сломается. Для некоторых сожаление не было подлинным. Они на самом деле не хотели останавливать поведение, которое, по их мнению, им не нравилось. Другие не могли полностью определить обстоятельства, эмоциональные или иные, которые по всей видимости вызывают привычку.

Сила сдержанности является моим главным препятствием на пути изменения нескольких нежелательных глубоко укоренившихся привычек. Я просто не могу остановить привычную реакцию; это происходит так быстро.

В любом из этих случаев процесс состоит в том, чтобы сделать Четыре Силы на конкретное препятствие, прежде чем работать над самой привычкой. Мне нужно было бы применить Четыре Силы к моей неспособности сдерживаться.

Мой процесс выглядел бы так:

Неспособность применить силу сдержанности сама по себе является результатом созревания семян создания препятствий для других, которые пытались изменить свое поведение. Я бы посмотрела, как я делаю это сейчас, и как я это делала в прошлом. Возможно, я знаю людей на работе, которые сидят на диете, но я приношу и делюсь пончиками. Возможно, я дразнила своего младшего брата, что он кусает ногти и это только заставляло его кусать их больше. Мне нужно распознать мои действия, пожалеть о них, остановить их и сделать действия, чтобы их сгладить. Я могла бы приносить цветы в офис вместо еды. Я могла бы прогуляться во время перерыва с человеком, который пытается бросить курить. Я могла бы сделать комплимент чьим-то красивым ногтям или похвалить за результаты диеты. Я бы сделала все это с двумя высокими мотивациями из Четырех Шагов и радовалась бы этому в течении определенного периода времени. После этого я применила бы Четыре Силы к моей фактической привычке. Моя способность применять силу сдержанности должна быть намного сильнее. Если нет, мне надо еще продолжить работать над препятствиями к силе сдержанности.

В конечном итоге процесс Четырех шагов и Четырех Сил становится образом жизни. Путем сознательного выбора поведения от мгновения к мгновению мы создаем наше будущее. Весь процесс становится проще и веселее.

Как я могу использовать это, чтобы излечить домашнее животное? Оно не может понять, что такое поведение заботы о здоровье другого.

К сожалению, животные не способны сознательно выбирать свой уровень нравственности. Они не могут применять Четыре Шага и Четыре Силы к своей жизни. Но наше восприятие их здоровья, или его отсутствия, по-прежнему является созреванием наших ментальных семян, поэтому мы должны иметь возможность применять 4Х4 для изменения того, что мы видим. Если у нас есть больное домашнее животное, мы должны обратиться за соответствующей квалифицированной медицинской помощью. Чтобы улучшить качество получаемого лечения, мы хотели бы помочь кому-то другому с больным домашним животным. Или, мы могли бы помочь кому-то у кого животное не болеет, чтобы оно оставалось здоровым. Мы могли бы регулярно гулять с собакой соседа, чтобы помочь нашему больному коту.

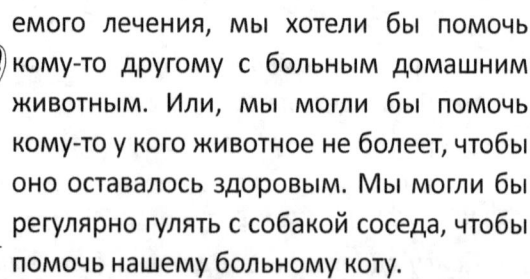

Мы могли бы также искать у себя привычки, которые наносят вред здоровью и жизни других людей, применяя Четыре Силы, особенно применяя силу сдержанности, с намерением улучшить здоровье нашего питомца. Можем ли мы прекратить использование пестицидов в нашем саду? Можем ли мы перестать убивать насекомых, вместо этого ловить их и выпускать на свободу? (Мы с мужем для этого держим всегда под рукой маленькую банку с широким горлом и картонку. Это очень легко, осторожно опустить банку над жуком, затем осторожно

просунуть картонку под банку. Жук залезет на картонку или выше в банку. Затем вы поднимаете картонку и банку вместе и освобождаете существо на открытом воздухе. Все это делается с этими двумя высокими намерениями.)

Просмотрите список Практик Хорошего Здоровья, особенно третьего уровня, чтобы получить идеи о том, как защитить жизнь. (Смотри Приложение)

Как я могу использовать это, чтобы помочь здоровью моих детей?

Это может быть предметом целой другой книги! Вкратце, если ваш ребенок еще слишком маленький, чтобы участвовать в ваших мероприятиях защиты жизни, тогда примените Четыре Шага, чтобы изменить семена видеть его больным. Если он может участвовать в посадке собственных ментальных семян, вы можете способствовать его действиям активной защиты жизни или заботы о том, кто плохо себя чувствует, и тому подобное. Помогите ему составить свой план и поощряйте его практику радости, делясь своей собственной.

Где я могу найти дополнительную информацию об этой философии?

Используйте список ресурсов в приложении, чтобы начать исследование.

А как же Бог?

Возможно этот вопрос не давал вам покоя во время изучения этой книги. Я уверяю вас, что у меня нет цели поставить под сомнение существование Бога. Моя мать часто говорила: «Пути Господни неисповедимы». Что я попробовала сделать — это помочь вам заглянуть, что стоит за этой неисповедимостью. То, что эта книга попала к вам, является частью неисповедимости путей Бога. Попробуете вы или нет, будет частью неисповедимости путей Бога. Какой результат вы получите будет частью неисповедимости путей Бога. У некоторых людей получилось пережить неисповедимость напрямую. И тогда они пытаются поделиться этой мудростью с другими, несмотря на тот факт, что это невозможно понять с помощью интеллекта. Смысл кажется заключен в словах: что посеешь, то и пожнешь. Мы пожинаем то, что посеяли. Мы не можем пожинать то, чего не сеяли и мы пожнем то, что мы сеем.

Когда-то я прочитала интервью с Матерью Терезой Калькуттской, католической монахиней, известной своей работой с бедными и больными. Я помню, что ее спросили о том, как она выдерживает такую близость к больным проказой и даже прикасается к ним. Ее ответ растрогал меня до слез. Она едва смогла понять вопрос. Она сказала, что видит Бога в лице каждого человека и любит Его. Какой может быть результат ментальных семячек, посаженных таким возвышенным и прекрасным способом, как вы думаете?

Колофон

И это сделано.
Пусть все ваши желания исполнятся
с совершенной легкостью.

*Пусть ваша жизнь будет фонтаном любви и добра,
чтобы наполнить мир радостью.*

Доктор Дебасиш Мрида

Сарани Сюзан Покок Стампф

Основная часть этой книги была написана в глубоком духовном ретрите в Алмазной Горе, штат Аризона, 2011-2014.

Гонорар автора, за вычетом налогов, будет регулярно передаваться в Diamond Mountain, Inc., 501(с)3 number 86-0959506, в благодарность за программы, которые он проводит.

Diamond Mountain, Inc.
PO Box 37
Bowie, Arizona, USA, 85605
www.diamondmountain.org

Я глубоко благодарна Институту Алмазной Горы, его программам, учителям и студентам за то, что они дали мне лучшее, чем я поделилась с вами.

Путь его добродетель процветает и распространяется.

Щенок, ручка и игрушка:

Программа для ежедневного выполнения

Ничего не работает, если вы ничего не делаете.

Майя Ангелу

Поздравляю с решением изменить свой старый, ограниченный способ мышления и стать осознанным создателем своего будущего. Вы редкие и особенные, и готовы изменить наш мир за гранью ваших самых смелых мечтаний! Спасибо вам за то, что присоединились к команде, всех тех, кто использует этот метод. Вместе мы можем сделать больше, чем сумма наших индивидуальных усилий. Если вы когда-либо захотите распрощаться с этой командной работой, вы полностью вольны сделать это. Теперь, когда вы знаете о «семенах», вы не сможете не знать! Изнутри команды или нет, пожалуйста «используйте меня» как источник знаний о том, как быть садовником того будущего, которое вы бы хотели увидеть. Я рекомендую «Карму любви» Майкла Роуча как настольную книгу по методу «Четырех Шагов» и руководство о том, как смотреть на жизненные переживания с точки зрения семян: какие сейчас раскрываются и какие нужно посадить для того, чтобы создать то будущее, которое мы хотим прожить.

Теперь, когда вы стали хранителями Секрета абсолютного исцеления, я надеюсь вы страстно хотите пройти весь процесс на практике. Пожалуйста, посвятите время тому, чтобы полностью исследовать каждый шаг, тренируя себя держать его в уме. Результат, которого вы достигните в итоге всего процесса, будет гораздо более мощным.

Этот путеводитель предназначен для использования как 6ти-недельная программа:

Неделя 1. Вырабатываем привычку Вспоминания нашего «Я хочу ...» (и радуемся!)

Неделя 2. Планируем (и радуемся!)

Неделя 3. Заключаем контракт (и радуемся!)

Неделя 4. Вспоминаем 2 высоких намерения (и радуемся!)

Неделя 5. Растим нашу практику радости (и радуемся!)

Неделя 6. Отслеживаем прогресс (и радуемся!)

Получайте удовольствие! Пишите мне вопросы, комментарии, предложения или сомнения, которые приходят. Я с радостью приму истории о вашем опыте практики Четырех Шагов, ваши чувства, мысли, переживания, успехи и любую мудрость, которой вы хотите поделиться.

Мои контакты: **Сарани Стампф (Sarahni Stumpf)** puppypenchewtoy@gmail.com

Неделья 1: Определяем Ваше Намерение

На этой неделе пожалуйста практикуйте только вспоминание вашего утверждения «Я хочу...» так, чтобы вы могли натренироваться держать его в уме.

Придумайте какой-то способ напоминания себе о Четырех Законах: Мы пожинаем то, что посеяли. Мы не можем пожинать то, что мы не сеяли и мы пожнем то, что мы сеем. Вспомните пример с ручкой, человеком и собакой, чтобы напомнить себе, что сущность всего, что вы переживаете является созревшим результатом того, что вы видели себя думающим, говорящим или делающим по отношению к кому-то другому. Каждый опыт, таким образом, это возможность поступить так, чтобы посадить семена, которые вы хотите, чтобы созрели в будущем. Вспомните, что наши привычные реакции являются теми самыми действиями, которыми мы создали наше текущее переживание. Если ваше текущее переживание приятно, тогда действуйте привычным образом (любящим, добрым, сострадательным, щедрым, заботливым). Если ваше текущее переживание неприятно, тогда прекратите быть на автопилоте и выберите другое действие, то, которое любящее, доброе, сострадательное. Выберите противоположное тому, что привычно возникает. Просто вспоминать эту мудрость — это хорошее начало, чтобы действительно стать способным совершить эти поведенческие изменения в ближайшем будущем.

Сделайте оценку состояния вашего здоровья, чтобы подтвердить, модифицировать или изменить ваше утверждение «Я хочу…». Начните думать о том, какие семена вам нужно посадить, чтобы произвести те изменения, которые вы хотите видеть.

Порадуйтесь!

Порадуйтесь тому, что прочитали ЩЕНОК, РУЧКА И ИГРУШКА: Секрет абсолютного исцеления.

Порадуйтесь тому, что это принесло вам озарения, которые вы можете использовать, чтобы исцелить мир и себя.

Порадуйтесь хорошим качествам/добродетели тех людей, которые используют эту систему.

Порадуйтесь каждый раз, когда вы смогли вспомнить свое утверждение «Я хочу…» и семена, которые вы хотите посадить, чтобы создать это.

Порадуйтесь всему хорошему, что вы видите вокруг вас.

Неделья 2: Планируем

Теперь вы определили какие семена нужно посадить и по отношению к кому, для того, чтобы вырастить ваш сад вашего утверждения «Я хочу…».

Вспомните, что для того, чтобы созрели те результаты, которые вы хотите, вы должны иметь опыт, когда вы сами стараетесь помочь какому-то человеку достичь его желаемых результатов. Это будет иметь особенную силу, если результат, который достичь этот человек похож на ваш.

Ваше задание понаблюдать за людьми, с которыми вы регулярно общаетесь, чтобы узнать о том, что они хотят, в чем нуждаются или с чем испытывают сложности, чтобы вы смогли определить кого-то как своего партнера по заботе о здоровье.

Перед тем, как говорить с ним, представьте ход вашего разговора. Как вы можете поделиться с ним проблемой, над которой работаете? Как вы можете попросить помощи у него или предложить ему свою? Дайте ясно понять сколько времени и как часто ваш график позволит вам выделить для выполнения этого плана. Это может потребовать некоторого изменения приоритетов. Но не перегружайте свой график.

Что вы можете сделать, чтобы помочь друг другу в работе над проблемой? Начните с обычных идей, которые вы оба хотите попробовать. Расширьте альтернативные варианты, если ваш партнер по заботе о здоровье открыт к этому. Держите в голове более глубокие и тонкие способы, которые, как мы знаем, служат для защиты жизни и увеличению процветания других. Запланируйте поделиться ими как пунктами для исполнения, чтобы помочь друг другу стать лучше. Будьте открыты к идеям вашего партнера, даже если то, что он предлагает, вы уже пробовали раньше.

Украсьте ваши планы мечтами о всех возможностях, которыми созреют хорошие результаты для вас обоих. После этого представьте, что вы поделились Четырьмя Шагами с ним. Представьте, как он начинает практику Четырех Шагов и, таким образом, делится этим процессом с другими, которые делятся с другими, которые делятся...

Порадуйтесь!

Порадуйтесь всем своим планам.
Порадуйтесь мечтам увидеть, как результаты распространяются.
Порадуйтесь вашему пониманию посева семян для счастья и благополучия через помощь кому-то другому увеличить их счастье и благополучие.
Порадуйтесь вашему утверждению «Я хочу...» и вашим действиям по направлению к нему.
Порадуйтесь тому, что прочитали *ЩЕНОК, РУЧКА И ИГРУШКА: Секрет абсолютного исцеления*.
Порадуйтесь, что ваша практика радости становится сильнее!

Неделья 3: Заключаем контракт

Когда вы готовы, свяжитесь с человеком, которого вы выбрали. Попросите его помощи. Организуйте встречу с ним как можно быстрее (в рамках разумного), чтобы возможность не ускользнула. Помните ваше утверждение «Я хочу...» и ваше понимание семян и как вы поможете всем в вашем мире достичь благополучия благодаря тому, что вы делаете.

Получайте удовольствие, когда спрашиваете вашего партнера по заботе о здоровье о его здоровье (или о чем-то другом). Проявите заботу о его потребностях в сохранении здоровья просто слушая, уделяя внимание и проявляя заботу.

Что вы двое можете сделать, чтобы помочь друг другу? Составьте план о помощи друг другу с определенной регулярностью, а потом придерживайтесь его как можно точнее.

Помните, что если он отказывается от вашего предложения в любой момент на протяжении пути, вам нужно поблагодарить его и найти нового партнера по заботе о здоровье и работа с ним. Всегда есть кто-то другой, кому нужна ваша помощь. Вы уже посадили мощные семена с помощью вашей попытки помочь первому человеку.

Порадуйтесь!

Порадуйтесь тому, что создали первый контракт.

Порадуйтесь удовольствию, которое получил ваш партнер по заботе о здоровье, когда вы были очень внимательны к нему.

Порадуйтесь вашему желанию помогать ему и принимать помощь от него.

Порадуйтесь вашему пониманию посева семян для счастья и благополучия через помощь кому-то другому увеличить их счастье и благополучие.

Порадуйтесь вашему утверждению «Я хочу…» и вашим действиям по направлению к нему.

Порадуйтесь вашему планированию

Порадуйтесь тому, что прочитали ЩЕНОК, РУЧКА И ИГРУШКА: Секрет абсолютного исцеления.

Порадуйтесь, что ваша практика радости становится сильнее!

Неделья 4:
Намеренные действия:
Вспоминаем два высоких намерения

Вы работаете с вашим утверждением «Я хочу...» помогая кому-то другому достичь чего-то, что он хочет и что похоже Вы на то, что хотите вы. Вы делаете это, потому что понимаете, что ментальные семена постоянно засеваются в вашем уме с помощью того, что вы видите себя думающим, говорящим и делающим по отношению к другим людям. Вы понимаете, что эти ментальные семена рано или поздно созреют и вы испытаете похожие действия других людей по отношению к вам. Вы понимаете, что приятные результаты могут прийти только из добрый поступков, а неприятные результаты могут прийти только от недобрых поступков, независимо от того, как это выглядит в данный момент. Вы понимаете, что для того, чтобы получить удовольствие в будущем, вы захотите увидеть себя относящимся с добротой к другим.

Вы часто добры к другим. Возможно чаще да, чем нет. В результате вы проживаете много приятных моментов. Но вы сажаете эти семена доброты достаточно случайным, бессознательным образом. Соответственно, ваши результаты возникают в случайных, неожиданных событиях. Вы не можете опознать как конкретное поведение влияет на ваши будущие переживания. Из-за этого сложно настроить себя на необходимые усилия, чтобы натренировать себя поступать по-новому.

Если вы помните два высоких намерения в процессе общения с вашим партнером по заботе о здоровье, то это добавляет необходимой силы вашим семенам для того, чтобы узнать их результат. Если вы помните эти два высоких намерения во время любой деятельности, которую вы совершаете, это увеличивает силу всех семян, которые вы сажаете.

Два высоких намерения:

1. Я помогаю моему другу с его проблемой со здоровьем для того, чтобы я мог посадить семена в моем уме, которые созреют в помощь для меня с моей проблемой со здоровьем. Это докажет мне, что эта система работает и я смогу лучше применить ее на практике и помочь многим и многим людям.

2. Я делаю пункт 1 для того, чтобы я мог поделиться с другими, чтобы они смогли узнать как создать будущее, которое они хотят, посредством помощи другим создать будущее, которое хотят они, помогая другим. Я делаю это для того, чтобы создать революцию в заботе о здоровье.

Найдите собственные слова, которые заставляют искрится ваш ум и открывают ваше сердце. Разместите вашу особую фразу во множестве разных мест как напоминание. Обращайтесь к ней регулярно.

Вспоминайте об этом, особенно когда вы встречаетесь с вашим партнером по заботе о здоровье. Вспоминайте во время вашей первой встречи с ним. Вспоминайте когда вы общаетесь. Вспоминайте когда уходите. Вспоминайте когда едите домой. Вспоминайте...

Порадуйтесь!

Порадуйтесь тому, что вспоминаете Два Высоких Намерения.
Порадуйтесь тому, что заключили первый контракт.
Порадуйтесь тому, что что ваш партнер по заботе о здоровье получает удовольствие от вашего внимания к нему.
Порадуйтесь вашему желанию помогать ему и принимать помощь от него.
Порадуйтесь вашему пониманию посева семян для счастья и благополучия через помощь кому-то другому увеличить их счастье и благополучие.
Порадуйтесь вашему утверждению «Я хочу...» и вашим действиям по направлению к нему.
Порадуйтесь вашему планированию
Порадуйтесь тому, что прочитали *ЩЕНОК, РУЧКА И ИГРУШКА: Секрет абсолютного исцеления*.
Порадуйтесь, что ваша практика радости становится сильнее!

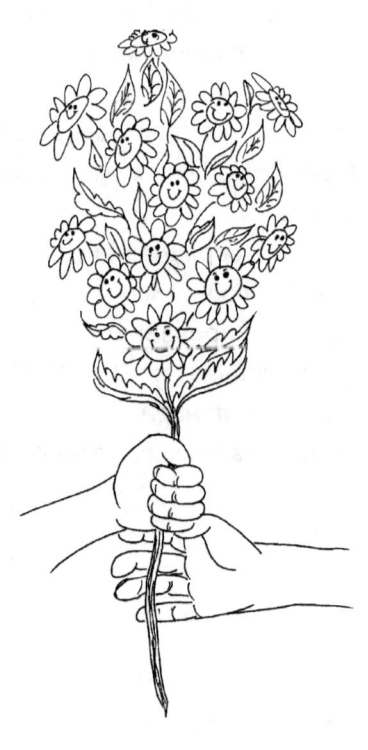

Неделья 5:
Радость завершает действие

Ощущение счастья от добрых поступков, которые мы думали, говорили и делали по отношению к другим людям, придает силы ментальным семенам, которые мы посадили. Это как вода, которой садовники поливают почву, где они посадили драгоценные семена цветов и овощей. Постоянная радость нашим хорошим поступкам — как тепло солнечных лучей, которые дают толчок для роста тем маленьким влажным семенам.

Культивируйте ежедневную регулярность практики радости для того, чтобы наилучшим образом использовать ваше новое поведение. Находите время, которое подходит для этого лучше всего. Практика перед сном позволяет пронести позитивное состояние ума в состояние сна. Если дорога на работу и с работы в машине это единственное время, которое вы находитесь в одиночестве, выходите на 5-10 минут раньше и делайте практику радости в машине, перед поездкой.

Еще одна возможность — разделить практику радости с вашей семьей. Во время еды она может быть темой для беседы, чтобы каждый член семьи поделился чем-то хорошим, что он видел в поступках других, а также тем, что он сделал сам для кого-то. Это позволит посадить сильные семена в умах всех присутствующих.

Что касается ваших текущих усилий по практике Четырех Шагов, вспомните о том, что вы определили свое утверждение

«Я хочу...» и какие семена необходимо создать и по отношению к кому. Получите удовольствие вспоминая процесс обучения как это сделать и почему. Вспомните как вы связались с вашим партнером по заботе о здоровье и как вы помогли друг другу. Получите удовольствие от того, как ему нравилось помогать вам, и как ему понравилась ваша помощь. Подумайте об удовольствии, которое появится, когда вы будете продолжать помогать друг другу и результаты начнут созревать. Будьте счастливы от того, что вы занялись изучением практики Четырех Шагов.

Представьте, как счастлив будет каждый, кого вы знаете, когда все поймут, что для того, чтобы достичь счастья, которого они хотят, нужно помочь другому достичь того, что хочет он. Все помогают всем. И все радуются и счастливы из-за этого!

Радуйтесь любому большому или маленькому доброму поступку, который вспомните.

Радость не имеет границ или срока годности.

Вам не нужно ограничивать себя практикой радости только один раз в день. Пусть она наполнит все ваши действия и взаимодействия с другими. Счастливый, уверенный, удовлетворенный человек приободряет всех вокруг одним своим присутствием.

Оцените красоту, удовольствие, богатство, здоровье и любовь, которую вы уже ощущаете в результате вашей доброты в прошлом. Порадуйтесь тому, что создали это все. Как вы можете поделиться этим для того, чтобы сохранить их навсегда? Как вы можете создать больше типов добрых поступков, которые создали то, что вы уже видите?

Если вы испытываете сложности с практикой радости, примените Четыре Силы ко всем случаям, когда вы вызываете или вызывали у других чувство несоответствия или недостойности. Посмотрите внутрь себя. Чувствуете ли вы то же или относитесь ли к себе так же? Вспомните, что это просто семена созревают в привычку не уважать других и себя. Примите решение ловить себя на нежелательном поведении и прекращать его.

Интересно, что зависть и алчность создают серьезные препятствия на пути к счастью от себя и мира. Противоядие – это помощь другим получить то, что хотят они, особенно то, что вы хотели бы для себя. Это не наша привычная реакция, когда мы завидуем кому-то! Испытывать счастье, когда другие получают то, что хотят, испытывать счастье, когда вы видите, как другие получают то, что хотите вы, генерирует все больше и больше счастья для вас, несмотря на кажущиеся обстоятельства.

Если это правда, что все просто хотят быть счастливыми и вы создаете семена для счастья, когда стараетесь помочь другим стать счастливыми, тогда на самом деле не важно, что происходит с вами. Ваши семена, которые созреют, будут семенами счастья, не смотря на кажущиеся обстоятельства.

Это дает нам завершенный круг. Радость, счастье от хороших поступков, которые мы видим как делают другие и делаем сами, продвигает процесс вперед.

Итак:
Помогите кому-нибудь улучшить практику радости. И порадуйтесь этому.

Порадуйтесь!

Порадуйтесь всем поступкам, которыми вы принесли счастье другим.

Порадуйтесь тому, что вспоминаете Два Высоких Намерения.

Порадуйтесь тому, что заключили первый контракт.

Порадуйтесь тому, что что ваш партнер по заботе о здоровье получает удовольствие от вашего внимания к нему.

Порадуйтесь вашему желанию помогать ему и принимать помощь от него.

Порадуйтесь вашему пониманию посева семян для счастья и благополучия через помощь кому-то другому увеличить их счастье и благополучие.

Порадуйтесь вашему утверждению «Я хочу...» и вашим действиям по направлению к нему.

Порадуйтесь вашему планированию

Порадуйтесь тому, что прочитали ЩЕНОК, РУЧКА И ИГРУШКА: *Секрет абсолютного исцеления.*

Порадуйтесь, что ваша практика радости становится сильнее!

И

Порадуйтесь удивительным изменениям, которые вы видите.

К настоящему моменту у вас есть в руках полная программа, по крайней мере у вас есть понимание как это сделать. Будете ли

Неделья 6:
Оцениваем результаты

вы использовать ее осознанно или нет, она начинает работать. Чем более осознанно вы будете следовать шагам, тем более очевидными будут результаты при их проявлении. Результаты ваших предыдущих действий созревают постоянно в виде тех переживаний, которые у вас появляются. Требуется всего лишь небольшой сдвиг в осознанности, чтобы заметить это, а потом порадоваться, если переживание приятное и погрустить, если неприятное. И то, и другое будет вести вас к поступкам с большей благодарностью и добротой, чтобы посадить семена для приятного будущего.

Какие могут быть результаты Секрета абсолютного исцеления?

- Повысится уровень благополучия вашего партнера по заботе о здоровье.
- Вам станут доступны лекарства для лечения ваших болезней.
- Ваши старые лекарства начнут работать лучше.
- Вы увидите положительные изменения, касающиеся заботы о здоровье, профилактики, улучшения качества жизни, в мире вокруг вас.
- Вы будете видите вокруг себя здоровых людей.
- Вы будете чувствовать себя более здоровым, счастливым и более уверенным в своей способности постоянно создавать свое будущее.

И что тогда?

Если у вас есть другие сложности, связанные со здоровьем или другими сферами жизни, над которыми вы хотите поработать, пересмотрите вашу программу и скорректируйте ее соответственно. Нет предела тому, что вы можете создать с помощью ментальных семян, правильно посаженных и выращенных.

Поделитесь этим с другими.

Помогите другим людям понять, что такое ментальное «садоводство» в создании такого будущего, которое они хотят. Организуйте семинар по Абсолютному исцелению для ваших знакомых. Поделитесь вашим секретом с вашим партнером по заботе о здоровье. Поделитесь с каждым, кто спрашивает о том, как вам удалось достичь таких значительных изменений.

И наконец, продолжайте радоваться всему хорошему, что вы делаете, всему хорошему, что вы видите вокруг вас. Это ключ к успеху в вашей программе, к успеху в вашей жизни.

Порадуйтесь!

Порадуйтесь успеху вашей программы Секрет абсолютного исцеления.

Порадуйтесь всем поступкам, которыми вы принесли счастье другим.

Порадуйтесь тому, что вспоминаете Два Высоких Намерения.

Порадуйтесь тому, что заключили первый контракт.

Порадуйтесь тому, что что ваш партнер по заботе о здоровье получает удовольствие от вашего внимания к нему.

Порадуйтесь вашему желанию помогать ему и принимать помощь от него.

Порадуйтесь вашему пониманию посева семян для счастья и благополучия через помощь кому-то другому увеличить их счастье и благополучие.

Порадуйтесь вашему утверждению «Я хочу…» и вашим действиям по направлению к нему.
Порадуйтесь вашему планированию
Порадуйтесь тому, что прочитали ЩЕНОК, РУЧКА И ИГРУШКА: Секрет абсолютного исцеления.
Порадуйтесь, что ваша практика радости становится сильнее!
И
Порадуйтесь удивительным изменениям, которые вы видите.

Дополнение

Настоящие причины исцеления

Первое, пожалуйста возьмите чистый лист бумаги или пустой бланк с таблицей и сядьте. Используя список систем, сделайте описание текущего состояния вашего здоровья. Напишите пару слов по каждой системе, что для вас будет означать ее «хорошее здоровье». Затем отметьте, соответствует ли это действительности или вы хотите улучшений.

Второе: пройдитесь по каждой системе, которую вы хотите улучшить, чтобы решить, какой у нее уровень важности для вас. Используйте шкалу от 1 до 5, где 1 будет самое важное, 5 будет наименее важное.

Третье: посмотрите на все 1, чтобы определить общую тему в них. Например, возможно все 1 относятся к состоянию усталости, запаса жизненных сил, плохого настроения, плохого сна и так далее.

Четвертое: напишите короткое, емкое утверждение «Я хочу...», которое отразит то, что вы выяснили в пункте три. В нашем примере это может быть «Я хочу иметь энергию и жизненные силы для того, чтобы делать то, что я хочу».

Перечень состояния здоровья
Дата:

Важность	Система	Качество хорошего здоровья	Получитю это	Нужна Помощь
	Волосы, кожа головы			
	Голова			
	Глаза, зрение			
	Уши, слух			
	Нос, обоняние			
	Рот			
	Зубы, десны			
	Язык			
	Горло, проглатывание			
	Голос			
	Суставы челюсти			
	Лицо			
	Шея, мышцы, кости			
	Верхняя часть спины, плечи			
	Суставы плеч			
	Руки, мышцы, кожа			
	Локти			
	Запястья			
	Ладони			
	Пальцы			
	Нокти			
	Имунная система			
	Передняя и задняя часть спины			

Важность	Система	Качество хорошего здоровья	Получитю это	Нужна Помощь
	Грудь			
	Сердце, циркуляция			
	Легкие, дыхание			
	Живот, пищеварение			
	Печень			
	Селезенка			
	Поджелудочная			
	Почки			
	Кишечник			
	Мочевой пузырь, мочеиспускание			
	Половые органы, функционирование			
	Либидо			
	Менструальный цикл			
	Фертильность			
	Середина спины, мышцы, кости			
	Поясница, мышцы, кости			
	Бока, мышцы, суставы			
	Бедра			
	Колени			
	Нижняя часть ног			
	Щиклотки			
	Ступни, пальцы			
	Ноги			

Важность	Система	Качество хорошего здоровья	Получитю это	Нужна Помощь
	Общая гибкость			
	Общая сила			
	Ментальная функция			
	Концентрация			
	Удовлетворение			
	Память			
	Доступ информации			
	Качество сна			
	Аппетит			
	Вес			
	Отношения			
	Эмоции			
	Уровень нагрузки, ежеднвная активность			
	Избавление от привычек			
	Индивидуальные дополнения			

Обзор причин исцеления

4 Закона	4 Цветка	4 Шага	4 Силы
Определено	Всходит чем-то похожим	Поймите, чего вы хотите	Вспомнить, откуда все происходит
Семена растут	Всходит привычкой	Спланируйте, как вы поможете другому получить то, что он хочет	Сожаление
То, что не посажено - не прорастет	Всходит условием	Совершите намеренное действие	Исправительное действие
То, что посажено, прорастет	Сеем/сажаем 65 раз в секунду. Никогда не расходуетсыа	РАДУЙТЕСЬ!	Воздержание

4 закона

1. **Определенность:** ментальные семена доброты созреют как приятный результат, и ментальные семена недоброжелательности созреют как неприятный результат, и по-другому не может быть.
2. **Семена растут:** ментальные семена растут, течение времени дает им созревание, результат будет больше чем причина.
3. **Семена, которые вы не посадили, не могут дать результаты:** не ожидайте чего-то из ничего, не разочаровывайтесь,

просто создавайте семена для появления результата.
4. **Посаженные семена должны дать результаты:** ни одно семя не исчезнет без результата. Но мы должны учиться разрушать известные имеющиеся у нас негативные семена в целях сокращения тяжести их результата (или даже остановить их совсем).

4 Цветка

1. **Семена созревают как событие подобное** тому, которое их посеяло.
2. **Семена созревают как привычка** реагировать на их результат, таким же образом, каким они были посажены.
3. **Семена созревают как окружающая среда** (включая людей вокруг нас) которая отражает причины, что посадили их.
4. **Семена созревают как наше будущее сейчас:** у нас никогда не будет недостатка семян. Они высаживаются сознанием со скоростью 65 семян в мгновение и созревают с той же скоростью, но они умножаются с течение времени покоя. Так мы всегда имеем достаточно ментальных семян для осознания «меня и моего мира» без разницы как это выглядит.

4 Шага

1. **Правильная идентификация** семян, которые мы хотим посадить, чтобы получить желаемый результат.
2. **Планирование** того, как посадить семена: кому делать, что делать, как делать.
3. **Сознательные действия:** выполнение плана, с Двумя Высокими Намерениями.
4. **Радость по завершению:** обладание действием, быть счастливым от усилия и счастья, которое стараешься принести другим, с целью поливать семена для культивации их созревания.

4 силы

1. **Признание:** вспомните наше понимание процесса ментальных семян чтобы признать, что у нас есть негативные семена, что мы не хотим оставлять их (новые или старые).
2. **Сожаление:** создание глубокого отвращения к поведению, которое заставило нас сделать недобрый поступок и также глубокого сожаления к уже посаженным семенам для большего количества, осознание, что это вернется только для того, чтобы навредить нам. Не чувство вины, но глубокое сердечное сожаление.
3. **Средство:** определите необходимые действия, и затем выполните их как противоядие.
4. **Сдерживание:** определите промежуток времени, который вы знаете, что способны провести без повторения негативного поступка, и выдержите его.

Зарисовки. Идеи для шага 2: «Планирование»

Общепринятые практики для здорового образа жизни.

Поддерживайте вес тела в норме.
Практикуйте регулярные физические нагрузки.
Придерживайтесь диеты, в которой низкое содержание жиров, высокое содержание клетчатки, много фруктов и овощей.
Регулярно проходите медицинские обследования, рекомендованные для вашей возрастной группы.
Делайте вовремя прививки.
Прекратите курить, и даже не начинайте.
Контролируйте употребление алкоголя.
Чаще расслабляйтесь.
Спите в достаточном количестве.
Практикуйте защищенный секс.
Регулярно чистите зубы, используйте зубную щетку и зубную нить.
Загорайте в разумных пределах.
Водите безопасно.
Не пользуйтесь сотовым телефоном во время вождения.
Всегда используйте ремни безопасности.
Избегайте вождения под воздействием интоксикантов.
Посещайте группы Анонимных Алкоголиков или подобные им подходящие группы.
Смейтесь больше, особенно над собой!

Альтернативные рекомендации для хорошего здоровья

Тай Чи
Йога
Плавание
Ки гонг
Альтернативная медицина/ фитотерапия, гомеопатия
Аюрведа, Традиционная китайская медицина/ акупунктура
Используйте соответствующие пищевые добавки
Гуляйте 20 минут в день
Растягивайте ваше тело
Используйте медицинские специи
Очищайте печень под надлежащим руководством
Очищайте кишечник под надлежащим руководством
Отдыхайте регулярно
Получайте достаточное количество сна
Используйте нети-пот для очищения синусов носа
Слушайте музыку регулярно
Пойте
Танцуйте
Играйте
Избегайте воздействия загрязняющих факторов
Заведите домашнего питомца, заботьтесь о нем или о ней с любовью
Регулярно посещайте сеансы массажа
Участвуйте в жизни общества
Будьте щедры и полезны для других
Минимизируйте радиационное воздействие
Дышите глубоко
Улыбайтесь
Смейтесь
Медитируйте регулярно
Бескорыстно помогайте людям
Уделяйте внимание вашей духовной жизни
Контролируйте свои поступки и сознание с позиции доброты

Создавайте семена сохранения жизни / Защищайте жизнь

Отвезите человека в больницу, если возникает такая необходимость.
Гуляйте с собакой, любой собакой (с разрешения хозяина собаки, конечно).
Совместно пользуйтесь автомобилем.
Водите безопасно и аккуратно.
Устраняйте препятствия: буквальные и образные.
Делитесь информацией.
Слушайте других.
Повторное использование, рециркуляция для уменьшения отходов.
Берегите ресурсы.
Регулярно сдавайте кровь или тромбоциты.
Оставайтесь дома, если ваша болезнь заразна.
Соблюдайте личную гигиену.
Чаще выбирайте вегетарианскую еду.
Выбирайте счастливую курицу, неоплодотворенные яйца.
Подавайте вегетарианские блюда другим, если есть возможность.
Избегайте убийств насекомых.
Радуйтесь спонтанным проявлениям доброты.
Действуйте с вниманием к благополучию других.
Носите с собой запас воды.
Отпустите дождевых червей, которые предназначены для приманки.
Отпустите прикорм для рыбы и сверчков в соответствующие среды
Соблюдайте безопасность дома и на работе.
Помогайте инвалидам.
Помогайте другим людям.
Устраняйте опасность.
Спасите домашнего питомца из приюта и с любовью заботьтесь о нем.
Помогите кому-нибудь не забывать принимать его лекарства согласно рецепта.
Помогите кому-нибудь заниматься регулярно.

Добавьте свои собственные идеи...

Простые советы

На моих семинарах люди довольно часто спрашивают о простых советах, какого поведения избегать и что изменить. Вот десятка предложений, которые обычно придерживаются духовных традиций.

Не-добродетели – очевидные или скрытые поступки, которые мы делаем, которые мы соверсчаем, который вернутся к нам, причиняя веря:	Добродетели – очевидные или скрытые поступки, которые мы совершаем, которые вернутся к нам приятным образом (противоположность не-добродетели):
Убийство Воровство Сексуальное ненадлежащее поведение	Защита жизни Сохранение чужой собственности Уважение отношений других людей
Ложь Грубая речь Разделяющая речь Бесполезная речь	Говорить правду Говорить мягко, приятно Объединяющая речь: поддерживать других, говорить о хороших качествах других людей Говорить с целью, о значимых вещах
Зависть	Радоваться чужому успеху, достижениям, добродетели
Недоброжелательность	Сочувствовать чужим неудачам, стараться помочь им (независимо от того, нравятся нам эти люди или нет)
Неправильное мировоззрение	Правильное мировоззрение: понимание правды «что посеешь, то и пожнешь» и последствий

Секрет абсолютного исцеления

Справочники

Книги, относящиеся к идеям 4х4:

Тибетская книга йоги. Майкл Роуч, Doubleday Division of Random House USA, Inc. 2004

Восточный путь к небесам. Из учений Иисуса в Тибете - путеводитель к счастью. Майкл Роуч, Seabury Books, 2008

Алмазный огранщик: Будда о том, как управлять бизнесом и личной жизнью. Майкл Роуч, Random House USA Inc, Doubleday & Co Inc. 2009

Кармический менеджмент. Майкл Роуч, Кристи МакНалли и Майкл Гордон, Random House USA Inc, Doubleday & Co Inc. 2009

Карма любви. 100 ответов на вопросы о личных отношениях. Из древней тибетской мудрости. Майкл Роуч, Пресс-конференция Diamond Cutter Press 2013

Другие источники:

Институт Азиатской Классики (Asian Classics Institute) предлагает бесплатные заочные курсы для скачивания, а также онлайн и оффлайн курсы для детального изучения тибетской буддийской философии и практикам из линии Гелугпа монастыря Сера-Мей. Посетите сайт www.acidharma.org

Институт Алмазного Огранщика (Diamond Cutter Institute) предлагает, доступные по всему миру, тренинги для личного и корпоративного успеха с использованием методов 4Х4. Посетите сайт www.diamondcutterinstitute.com

Веб-сайт База Знаний (The Knowledge Base) содержит писания и записи из учений Древней Мудрости Буддизма и Йоги. Посетите сайт *www.theknowledgebase.com*

Проект Набора текстов Азиатской Классики (Asian Classics Input Project) сканирует и набирает древние тексты, и выкладывает их онлайн бесплатно. Эти тексты еще не переведены с тибетского или санскрита. Посетите сайт *www.asianclassics.org*

Мои Личные Фавориты

Любая книга этих авторов, но не ограничиваясь только ими:

Кэролайн Мисс, Дипак Чопра, Марианна Уильямсон, Тензин Гьяцо, Анни Безант, Экхарт Толле, Дасон Чурч, Норман Шили, Джо Диспенза.

Истории для Роста

Сила Радости

Сарани Стампф

После многих лет изучения 4-х законов, 4-х цветков, 4-х шагов и 4-х сил, у меня была редкая возможность использовать все это в ситуации острой нужды. Предварительно я понимала, что задержка была неизбежной и долгой. Но за последние 5 месяцев нашего 1000-дневного глубокого ретрита мой высокий, красивый, веселый, умный и здоровый муж внезапно начал задыхаться. Его пульс поднимался, его кровяное давление поднималось, он испытывал боль в нижней части груди. Мы приняли решение, что ему нужно приостановить ретрит, а я останусь в ретрите. Почему я осталась, это длинная история. Он собрал несколько вещей и связался с обслуживающим персоналом ретрита, который немедленно отправил его в отделение скорой помощи местной больницы, в 45 минутах езды.

С того момента, как он покинул наш ретритный домик, я не имела прямой информации о его состоянии. Я обнаружила себя очень отчетливо столкнувшейся с этой пустой, имеющейся в наличии, потенциальной природой каждого мгновения моей реальности. Я не знала, смог ли он спуститься с холма. Я не знала, повез ли персонал ретрита его в отделение неотложной помощи. Я не знала, добрался ли он до этого отделения. Я ничего не знала. Но вот я была там в ожидании, чтобы узнать, как будто я ничего не могла сделать, пока кто-то не придет с новостями.

На самом деле это было невероятно, находиться так близко к достижению этого прямого опыта истинной природы реальности. Мне не удалось раствориться в нем. Мой ум все еще был слишком активным, слишком обеспокоенным, но я получила озарение, которое я никогда не забуду.

Через несколько часов руководитель персонала ретрита сказал мне, что Дэвид смог добраться до отделения неотложной помощи. Он был очень болен. Проблема была не с его сердцем. Они еще не знали что с ним. Ему должны были еще сделать компьютерную томографию груди, и это было еще за 2-3 часа до того как мы узнали больше. Затем сотрудник ретрита поделился опытом, который он недавно имел с женой. У нее появилась боль в груди и она попала в отделение неотложной помощи. Все тесты показали, что у нее сердечный приступ. Ее забрали в операционную для ангиограммы. В ожидании ее муж разговаривал с нашим учителем, который посоветовал ему вспомнить все способы, которыми его жена защищала жизнь, заботилась о здоровье других и радоваться всем этим добрым семенам, которые она имела в своем сознании. У нее было 6 детей и много внуков, поэтому у нее было много много таких семян, о которых он знал. Он сидел в комнате ожидания, радуясь ее семенам заботы о здоровье. Вскоре хирург вышел, чтобы сказать ему, что сердце его жены и кровеносные сосуды совершенно здоровы. Не было никаких признаков сердечного приступа. Никаких закупорок. Откуда были все эти результаты анализов до этого? «Я не знаю, - сказал хирург, - но я вижу совершенно здоровое сердце».

Я приняла эти инструкции всем сердцем. Я начала думать обо всех способах, которыми я совершала «заботу о здоровье», но быстро поняла, что мне необходимо определить заботу о здоровье, проделанную Дэвидом. К счастью, я знала его достаточно хорошо (на тот момент мы были женаты 37 лет), чтобы помнить все действия, которыми он защищал жизнь. Я также знала о том, как он причинял вред жизни, и мне пришлось постоянно прогонять эти мысли по мере их возникновения. Нет, в данный момент я радуюсь его добродетели, мне нужны эти семена, чтобы они созрели прямо сейчас. Мы были вегетарианцами уже более 20 лет. Он нес раненую колибри, когда мы стремглав бежали к специалисту по реабилитации. Он остановился, чтобы помочь людям сменить проколотые шины, он готовил еду для нас, он ремонтировал вещи для людей. Список был очень длинным и продолжал расти, чем больше я думала об этом. Хотя я беспокоилась о том, что он может умереть, я также чувствовала себя по настоящему счастливой. Довольная тем, что у меня была такая мощная артиллерия, чтобы изменить мои созревающие семена из «смертельно больной муж», на «жизнь мужа спасена».

Это продолжалось еще несколько часов, пока я не получила больше информации. У Дэвида была обширная двусторонняя эмболия легочной артерии и легочный инфаркт (мертвая легочная ткань). Один из результатов его анализов был настолько плохим, что врачи не могли поверить, что он все еще жив, не говоря уже о том, что он все еще реагирует. Тем не менее его состояние было стабильным, на кислороде и надлежащих лекарствах в ожидании транспортировки в больший госпиталь в Тусоне, в 2-х часах езды. Они ожидали, что он поправится, если не будет никаких осложнений. Но он должен был принимать разжижающее кровь лекарство, которое требовало бы регулярных анализов крови и очень тщательно регулируемой диеты. Маловероятно, что он смог бы вернуться в ретрит, чтобы закончить последние несколько месяцев. Это было за два дня до того, как я получила дополнительную информацию.

Мне казалось, что на меня свалилась тонна кирпичей. Не из-за стресса от того, насколько близки мы были к его смерти, а от силы истины 4Х4 и того как это можно использовать в данный момент. Для меня это было уже не теоретическим, а теперь прямым опытом.

Затем я практиковала это еще немного, чтобы изменить семена того, что он не мог безопасно вернуться в ретрит. У него были семена помощи другим людям оставаться в ретрите, который был под угрозой закрытия. У него были семена обеспечения того, чтобы кабинки в нашем ретритном центре были построены в соответствии с правилами безопасности. Он разработал и построил систему водоснабжения, которая обеспечивала всех безопасной и здоровой водой. Эти семена созрели тем, что ему прописали другое лекарство, которое не требовало частых анализов крови или строго регламентированной диеты! Он вернулся в ретрит. Мы с большой благодарностью и радостью вышли вместе в день открытия.

С тех пор я делюсь этой практикой радости с людьми, которые находятся в подобной ситуации - близкие которых больны, но еще не полностью диагностированы. Пока семена полностью не созреют, можно повлиять на ситуацию. Радость их семенам добродетели может иметь мощный и быстрый эффект. Затем мы помогаем им создавать больше этих хороших семян.

Даже Ожидания Реагируют на Семена

Сарани Стампф

У меня есть подруга, женщина средних лет, у которой развился дегенеративный артрит бедра в очень раннем возрасте. Пребывая в постоянной боли она лишь слегка реагировала на иглоукалывание, исцеление Рейки, изменения в диете, лекарства. Люди, которым она доверяла, советовали ей избегать операции по замене тазобедренного сустава как можно дольше. Она понимала, что операция в любом случае не остановит боль, потому что боль, на самом деле, не была вызвана артритом. Поэтому она хромала и использовала трость и ограничивала свою активность и испытывала боль постоянно. Затем появилась возможность ухаживать проживая на дому за пожилым дядей подруги. Его жена была в доме престарелых. Он любил посещать ее раз в неделю и приводить ее домой, чтобы увидеть своих кошек. Его здоровье ухудшалось до такой степени, что он не мог этого делать без посторонней помощи. Его племянница беспокоилась о том, что он даже не мог больше жить самостоятельно. Моя подруга воспользовалась шансом помочь этому человеку, его жене и ее подруге с их здоровьем, безопасностью, передвижением и отношениями - все это, имея место для проживания! Она заботилась о человеке очень мягко и ласково. Спустя менее года она решила, что пришло время для замены тазобедренного сустава. Теперь она ходит без хромоты, трости или боли.

Создание Нового Пути

Рон Беккер

В 2000 году я проснулся однажды утром и сказал жене, что с одним из моих глаз что-то серьезно не так. Мы направились к глазному врачу, который сказал что у меня дегенерация желтого пятна, заболевание, которому подвержены многие пожилые люди и которое спустя многие годы проявилось и в моем другом глазу.

В том же году мы также вновь встретили в этой жизни древние учения мудрости через нашего особого духовного учителя. В то же время мы связались с женщиной в Аризоне, которая имела клинику сразу на границе в Мексике. Я стал поставщиком оборудования для клиники и создал сеть дилеров оборудования для физиотерапии: инвалидных колясок, ходунков, костылей и тростей в регионе Денвера. Я организовал много машин груженых подержанным оборудованием, которое дилеры отправляли мне в Мексику на протяжении многих лет.

Изучая заново Четыре Шага Кармического Пути в этой жизни, я посвящал и радовался всем заслугам, которые я создал за всю свою жизнь, предоставив возможность многим людям в Мексике передвигаться с большей легкостью.

Кроме того, еще в 1970-х годах, в течение многих лет, мы с женой ежемесячно отправляли деньги в SEVA, организацию, которая предоставляет бесплатные очки и, прежде всего, бесплатную хирургическую помощь по лечению катаракты для бедных людей по всему миру. (www.seva.org) За 35,00 долларов в месяц мы могли «вылечить» слепоту одного человека в мире.

Около года назад я заметил, что мои глаза, похоже, становились лучше. Во время моего последнего приема у ретинолога он сказал, что мои глаза «ОДНОЗНАЧНО лучше!» Это происходит от предоставления другим того, что я хочу чтобы произошло со мной. Мы можем изменить все, создавая и выращивания семена для этого.

После того, как моя теща умерла в 2012 году и оставила нам немного денег, мы решили использовать их, чтобы помочь другим. Мы отправили достаточно денег в SEVA для спонсирования глазной клиники в Непале, чтобы многие слепые люди могли сделать операции по удалению катаракт и впервые увидеть своих новых внуков или невесток или даже супругов.

Мы продолжаем создавать мир, который мы хотим.

Дополнение от Сарани: У Рона была случайно обнаружена аортальная аневризма во время МРТ исследования после проблемы со спиной. Она была успешно устранена. Аневризмы аорты обычно вызывают внезапную смерть до их обнаружения. Это просто удача Рона? Или результат его заботы о здоровье других?

Проживая 4 шага

Кристин Уолш

В 2006 году я начала изучать методы Древней Мудрости и изучила новый способ понимания коренных причин здоровья и хорошего самочувствия. Эта мудрость глубока и очень проста, но я могу сказать вам не скрывая, что это было самое сильное лекарство. Лекарство, которое, наконец, сработало для меня.

Всего год назад мне поставили диагноз - ревматоидный артрит (РА). Это мучительная и изнурительная болезнь. У меня была она практически в каждом суставе моего тела. Мне было очень больно, и я была испугана. Большую часть своей жизни у меня было почти идеальное здоровье и неограниченная энергия. Я любила свою работу в качестве психолога, но мне пришлось уйти, поскольку я едва могла одеться. Когда я принимала душ, мне приходилось отдыхать в течении часа, чтобы восстановить свою энергию. Иногда я застревала в комнате, потому что не могла повернуть дверную ручку. Я превратилась из живой энергичной женщины в возрасте пятидесяти лет в больную, хрупкую старушку, казалось бы, за ночь.

Мой доктор прописал мне обычное лекарство от РА, и он продолжал поднимать дозы, но я все еще испытывала сильную боль и моя подвижность была очень ограничена. Затем мой муж организовал мне возможность пойти в клинику Майо к лучшему врачу РА в стране. Я хотела получить более целостный тип лечения, которое, конечно, включало бы лекарственные препараты, но было бы дополнено другими практиками. Доктор из Майо сказала мне, что у меня есть два выбора: принимать лекарство, согласно ее инструкциям или жить в инвалидном кресле.

Я принимала лекарство, и по прежнему мне было больно, и и по прежнему у меня было очень мало энергии. Вот тогда я начал погружаться в практику Древней Мудрости. Основной принцип заключается в том, что если мы хотим здоровья, если я хочу восстановить свое здоровье, если я хочу, чтобы мое лекарство было действительно эффективным, если я хочу иметь энергию и жизненную силу - я должна дать то, что хочу и то, что мне нужно, кому-то другому. Это звучало непривычно, странно и слишком хорошо, чтобы быть правдой, когда я это услышала. Так что если у вас есть сомнения, хорошо! Испытывайте принципы. Но не позволяйте вашим сомнениям остановить вас от собственных экспериментов с принципами.

У меня не было ресурсов или энергии, чтобы физически помогать другим с этой мучительной болезнью, поэтому я начала с того, что я могла сделать: медитации под названием «Даяние и забирание». Даяние и забирание - это внутренний способ помочь другим и дать другим то, что вы хотите для себя. Эта медитация является древней и могущественной, и все, что я могу сказать, это то, что для меня это сработало прекрасно. Однако это не сработало за одну ночь. Я сделала это в течение года. Это была моя основная практика, и когда я начала чувствовать себя лучше, я начала физически помогать другим. Я обучала этой медитации в местном отделении общества РА, пользуясь любой возможностью, чтобы помочь всем, кто был болен или каким-либо способом страдал.

Затем однажды я поняла, что я занималась хатха-йогой, путешествовала по Китаю, обучала и большую часть времени даже не помнила, что когда-то у меня был РА. Я все еще принимала лекарство, но теперь мое лекарство работало отлично. Сегодня я продолжаю практики. Теперь моя цель - быть свободной от необходимости принимать какое-либо лекарство.

Что я хочу сказать о том, чтобы жить в этой мудрости и практиковать совершенные древние учения, это «практика», это означает, что это должно стать образом жизни, это должно пропитывать вашу жизнь. В тот момент, когда я начинаю чувствовать себя больной или испытываю симптомы старого РА, я начинаю более интенсивно работать над тем, чтобы посеять семена для здоровья и найти того, кто болен для служения ему. Если бы можно было сделать по моему, на всех упаковках с лекарствами, будь-то от физических или психологических расстройств, было бы написано на этикетке под рекомендуемым способом применения: «Принимайте 2 с таблетки во время еды служите больным с добротой и состраданием».

Я знаю, как это звучит, я психолог, чей разум предварительно всегда ищет логические объяснения, поддерживающие исследования и источники этой информации. Все, что я могу вам сказать, я, без сомнения, знаю, что понимать и практиковать эту мудрость является единственной вещью которая по настоящему работает. Именно семена нашей доброты и сострадания дают силу исцеления разным средствам, таким как медикаменты, операции, диеты или физические упражнения.

Если вы, читатель, похожи на меня, вам нужно больше, чем чья-то история, чтобы убедить вас в эффективности этой мудрости. Единственное решение - стать ученым. Попробуйте это сами для себя. Докажите это себе. Я считаю, что это правильный способ принять или отклонить новую идею; изучить ее, практиковать и доказать ее или опровергнуть. Если вы решите практиковать эту мудрость, вы станете более здоровым и счастливым человеком, и это станет одним из результатов, который вы не сможете остановить.

Сила Радости

История Джоша, из рассказа его матери

Мой сын Джош всегда был замечательным ребенком: беззаботным, смышленым, остроумным, нежным, добрым к своим братьям и сестрам. С раннего возраста он всегда был самим собой и никогда не подвергался влиянию со стороны сверстников. В начале старшей школы Джош учился с отличием, а под конец мы заметили изменения. Он был менее общительным, немного раздражительным, и его оценки ухудшились. Он не интересовался занятиями, не говоря уже о том, чтобы хорошо учится. Мы попытались поговорить с ним, но не совсем поняли, что делать, и списали это переходный возраст.

Джош начал свой первый семестр колледжа. Когда он был дома на зимних каникулах, мы получили его оценки. Он провалил один из своих предметов и получил «2» по другому. Когда мы поговорили с ним об этом, он открылся и сказал, что чувствует, что с ним что-то не так и что ему нужна помощь. Он сказал: «Я просто не могу встать с постели. Я хочу делать все хорошо, и чувствую себя плохо, что я не делаю то, что должен, но я просто не могу сосредоточиться чтобы выполнить какое-либо задание».

Джош вернулся домой и начал видеться с психиатром, который диагностировал у него тревогу и депрессию. Ему прописали лекарства, которые помогли ему вернуться на правильный путь. Вскоре он нашел работу и начал работать полный рабочий день. Через несколько месяцев Джош перебрался в свою квартиру. Иногда он приходил домой по выходным или если у нас было семейное мероприятие. Он не вернулся полностью к старому себе, но ему было лучше. Он самостоятельно принял решение перестать видеться с психиатром и прекратил лечение.

Однажды вечером Джош приехал в гости. Он казался в

полном порядке все это время. Однако, перед уходом он расплакался. Вернулась ли его депрессия? Его речь была невнятной. Он не был рассеян и говорил бессмыслицу. Оказалось, что он принял несколько таблеток снотворного лекарства, которое отпускается по рецепту и находилось у нас в доме. Когда мы поняли, что он принял несколько доз, мы позвонили 911. Парамедики поговорили с Джошем наедине и сказали нам, что он признал, что он регулярно употребляет наркотики и алкоголь. Они отвезли его на скорой помощи в больницу.

Они не пустили нас в кабинет, пока доктор не поговорил с Джошем. В зале ожидания я позвонила Сарани. Она тут же сказала мне начать думать обо всех конкретных способах, которыми Джош защищал жизнь и помогал другим на протяжении многих лет; чтобы начать радоваться всем добрым делам, которые он совершил. Она также попросила меня поделиться ими, чтобы она и ее муж могли радоваться им тоже. «Мы можем очень быстро изменить эти семена!» - сказала она.

В больнице выяснилось, что Джош употреблял алкоголь и каждый день употреблял всевозможные наркотики, которые можно было себе представить, в течение последних нескольких месяцев. Медсестра неотложной помощи сказала, что ему нужно немедленно обратиться за помощью, иначе он, вероятно, умрет. Как только его тело очистилось от наркотиков, его отпустили из больницы. Это было 3 часа утра. Когда мы вышли из дверей, Джош обнял меня. "Спасибо, что всегда заботишься обо мне, мама!" Он был в ясном уме и в хорошем настроении. Он провел ночь дома. На следующее утро он сказал, что не хочет идти в лечебный центр, но будет снова видится с психиатром. Я знала, что ему нужна большая помощь, чем мог бы дать психиатр, но я не стала ссорится и сказала, что найду нового психиатра. В тот день я продолжила удерживать фокус на всех добрых делах, которые он делал в своей жизни для своих друзей и других, и продолжала радоваться всей доброте, которая я знала есть в нем. Когда он позже вечером вернулся домой, он сказал, что он решил обратиться за помощью в лечебный центр и вернется домой, если мы его примем.

Я позвонила другу, у которого были связи с центром амбулаторного лечения. На следующее утро они назначили нам встречу. Джош сразу же сблизился с человеком в приемной и согласился начать программу от наркотиков и алкоголя на той же неделе. Через два месяца он окончил программу, нашел новую работу и вернулся в колледж.

Когда я вспоминаю о том, как все было плохо для него, и как быстро все обернулось, я действительно поражена. Это кажется почти чудесным. Он так долго пил и употреблял наркотики. Нам не нужно было «убеждать» его, что ему нужно очиститься и получить лечение. Нам не нужно было делать никаких вмешательств. Почти не сопротивляясь, он согласился получить помощь. В течение двух дней он был зачислен на амбулаторную программу, и в течение 2-х месяцев он был практически новым человеком. И он чист сейчас на протяжении уже более 2-х лет, счастливо работая и получая наивысшие оценки обучаясь параллельно на двух курсах в колледже. Я действительно чувствую, что это была практика радости, которая так быстро переменила вещи местами, и с таким небольшим сопротивлением!

Встаньте с Кровати и Радуйтесь Или Радуйтесь и Встаньте с Кровати

Ян Хенриксон

Боль в спине заставила меня отменить встречу с моим клиентом Сарани, где мы должны были обсудить ее книгу о посеве семян доброты и радости семенам доброты, которые уже посажены. Вдруг меня осенило. Я уже пробовал хиропрактику. Пластыри от боли. Различные добавки. Почему бы не попробовать радость? Сначала я чувствовал себя робко, неловко и неестественно. Как я когда-либо по настоящему помог чьему-то благополучию? Разве я не должен делать свою работу по редактированию, лежа там в кровати?

Тогда я вспомнил: один добрый поступок здесь, добрую мысль там. Вскоре я начал чувствовать как мое тело наполнилось светом, стало целостным и всеобъемлющим, а не сжатым от боли в спине. Радоваться стало как принимать ванны любви для моего тела, которое быстро и практически невероятным образом стало намного здоровее.

Я чувствовал, как я это делал, когда я направлял сообщения от Духа / Источника / Божественности / Высшего Я / назовите Это как хотите, которое всегда наполнено любовью. Если у меня головная боль или какой-то другой физический симптом, они исчезают, когда я настраиваюсь на этот канал, а затем постепенно возвращаются, когда я в своем «нормальном» сознании. Какое это освобождение, обнаружить, что я не должен быть в медитативном или измененном состоянии, чтобы испытать такое же чувство изобилующего благополучия. Все, что я должен делать, это помнить.

Путь Арфы

Мега Розалия Морганфилд, M.C.

Когда-то я была Принцессой Горя, что я частично объясняю тем, что я присутствовала во время смерти моего отца, когда мне было пять лет. Хотя из моей поздней подростковой жизни я знала, что я самостоятельно исцелилась от стольких проблем (включая то, как я испытывала состояние жертвы), нахождение моего родственного корабля с Кельтской Арфой в конце моих 20-ти лет стало истинным поворотным моментом. Я думала, что изучаю свой инструмент, чтобы аккомпанировать себе во время исполнения репертуара моих вокальных произведений, и я делала это с большой радостью. Но есть еще один аспект моей жизни с арфой, который одинаково важен для меня - играть для умирающих и сообществ, где поддерживают друг друга.

Я обнаружила, что я могу предложить и передать истинную благодать ... что нежные волны звука из струн арфы обвивают настоящее время, принося фактическое провидение. Здесь, в комнате, где жизнь переходит, и где, вероятно, будет много аспектов горя, я могу смиренно поддерживать этот процесс. Приходить с моей арфой и встречать эти моменты для другой души - каждый раз приносит мне такое же глубокое умиротворение. Моя личная потеря и обстоятельства стали источником моего личного пробуждении ... через арфу ... чтобы принести благодать: эта жизнь и смерть могут быть духовным опытом, который уравновешивает и возвращает нас к целостности.

Созревание Семян Любви

Рейчел Зола

Поездка на такси из Кито, Эквадор, длилась всего 25 минут. По-испански я рассказываю своему таксисту, что я очень рада посетить его страну. Люди щедры и проявляют любовь. Он улыбается. После этого не произносится никаких других слов.

Мы добираемся до южного терминала. Он припарковал машину. Я вынимаю рюкзак из багажника, и он начинает идти со мной! Он проводит меня в этот довольно большой терминал! Затем он спрашивает людей, где находится касса. Он идет со мной в кассу и говорит работнику точно куда я еду и говорит мне сколько это будет стоить. Он ждет, когда я заплачу. Затем он берет билет и показывает мне, чтобы я следовала за ним. Мы полубежим через терминал, а затем снаружи к автобусам. «Синко минутос!» - говорит он. Когда мы добираемся до автобуса, он разговаривает с водителем, чтобы убедиться, что автобус правильный.

Мы немного запыхались. Мы, я и водитель, смотрим друг на друга. Без каких-либо слов мы обнимаемся, как будто мы два давних друга, прощаемся. «Адиос», - говорит он. Я подношу руку к сердцу. Он ждет, пока я не сяду в автобус. Когда я пишу это, я плачу. Так много любви. Мое сердце переполнено любовью.

<u>Примечание</u>: в Рейчел вселилось понимание того, что ей нужно быть в Эквадоре. Она не осознавала почему. Но она прислушалась. Она прибыла как раз вовремя, чтобы помочь в детском приюте после землетрясения, которое наполнило его

еще большим количеством детей, нуждающихся в уходе. Ее продолжающаяся посадка семян любви и сострадания к другим приводит к тому, что любовь и сострадание возвращаются к ней неожиданными и глубокими способами, такими как, казалось бы, спонтанная связь души с водителем такси.

Будь изменением и расти
Семена необычной добродетели

Элиана Моррис
elianamorris.path@gmail.com
www.path-edu.org

Последний семилетний цикл жизни был переломным временем для меня. Я забеременела чудесным ребенком семь лет назад. Это глубокое, вне всяких описаний событие в моей жизни принесло тот вид ответственности, которую я никогда не испытывала. Как многие родители знают, чувствовать себя готовым к большой ответственности заботы о другом человеческом существе - практически невозможно. Однако, по счастливой случайности, я провела интенсивных 10 лет до рождения ребенка в серьезном обучении и практике с моим духовным учителем про то, как взять личную и социальную ответственность за жизнь, которую я переживаю. В течение первых трех лет, я потратила приблизительно 600 часов предварительного обучения и практики, чтобы понять, как посадить семена добродетели для того, чтобы эта добродетель могла быть возвращена. Это было как изучение науки, которая лежит в основе Золотого правила нравственности - относись к людям так, как хочешь, чтобы относились к тебе. Потом я провела следующие 6 лет, продолжая мое «специальное» обучение и практики с моим духовным учителем и провела более 500 дней в отдаленной пустыне, обучаясь как посадить семена и вырастить необычную жизнь для меня и других. Дополнительно, декаду до материнства я обучала детей, родителей и педагогов как « Быть изменением и вырастить семена необычной добродетели», что является моим просветительским благотворительным девизом.

С рождением моего ребенка, это была видимость времени.

Больше никаких уроков.

Больше никаких дискуссий.

Больше никаких ретритов и медитаций на подушке.

Просто успокойся и делай это! К моменту, когда моя дочь начала ползать, я вернулась к своей подушечке на время для практики и создания медитаций осознанности для воспитателей. Все, что я могла делать после этой невероятной удачливой декады обучения и практики, было просто «Быть изменением» для моей дочери и мира, который мы наследуем вместе.

Используя философию, методы и практику посадки семян в течение последних семи лет, я уже была в состоянии встретиться со всеми моими целями и даже выйти за их пределы. Я купила дом и выплатила ипотеку, работая 5-10 часов в неделю. Посадка семян позволила мне создать работу учителя, о которой я мечтала, удвоить вдвое доход за час, оставаясь вне полной занятости в несвязной системе, которая диктовала мне как и чему учить. Важной особенностью того, что я сажала семена, было то, что мой ребенок никогда не видел и не знал детского сада и не был без матери ни единого дня, пока ей не исполнилось 4,5 лет. (Мои первые два дня без моего ребенка были проведены в уединенном ретрите с большой благодарностью!) Моему ребенку нравилась музыка, танцы, плавание и уроки театра. Она сейчас посещает школу на 15 акрах земли. Директор - основатель этой школы - это ученик ученика Марии Монтессори - преемственность, которая заставляет мое учительское сердце чувствовать наполненность.

Кроме того, начало моего путешествия в материнство было очень бурным и жестким опытом. Меньше чем через два года после рождения моей дочери я буквально не имела для нас дома. В целом, мы жили на $700 в месяц. У меня было меньше, чем горстка знакомств в нашем новом городе. Я беспокоилась о том, чтобы найти безопасный дом и ресурсы для поддержки наших основных потребностей. Мы нуждались в друзьях, которые бы в какой-то день учились и практиковали посадку семян, так чтобы я и моя дочь могли развивать настоящую общину. Я также нуждалась в бизнес - партнере, который бы имел набор навыков и опыт добывать деньги и начать посадку семян проектов и программ. И самое важное, мне нужно было воспитывать моего ребенка с осознанностью как ее первичный воспитатель. Я приняла решение достичь этих целей, пока моя дочь не в детском саду.

Как мама очень маленького ребенка без дома и работы, я никогда еще не испытывала такого одиночества и уязвимости. Это было самое подходящее и идеальное время воспользоваться и реализовать на практике эту идею посадки семян для чьего-то будущего и создать необычную жизнь. Я сделала несколько глубоких вздохов и дала 5 обещаний себе и моей дочери, чтобы я могла посадить семена, которые бы выросли в Необычную жизнь для нас:

1. Оставайся позитивным

Улыбайся, даже когда твое сердце болит - хотя это так заманчиво верить, что ты - жертва. «Необычность» должна быть найдена в настоящий момент. И я должна быть ответственна за то, чтобы найти эти намеки Любви, которые всегда присутствуют. (Нахождение того, кто страдает больше чем я - это всегда входная точка в сердце, когда сердце болит!) Это не то же самое, что маскировать боль или замалчивать проблемы.

2. Имей веру в добродетель

Имей веру в посадку семян доброты, мира и радости. Понимание, что добродетель приходит только из добродетели, должна укорениться в твоем сознании, чтобы иметь веру в добродетель. Эта вера в добродетель – то, что мотивирует мои следующие действия, особенно, когда в настоящий момент ситуация сложная. Создание этой мудрости – это плодородная почва, нуждающаяся в любой реальности «посадки семян». Это моя ответственность – найти доказательство и взаимоотношение причины – результата в моей жизни. Это наука – найти истину посадки добродетели для того, чтобы вырастить добродетель. Когда ты найдешь доказательство в твоей собственной истории добродетели, также как нахождение истины в добродетели через истину в других историях, ты наберешься сил и упорства, которые нужны садовнику.

3. **Цени свою « временную истину»**

Цени свои Эмоции и Опыты. Когда больно и трудно, цени свои истинные чувства. Не притворяйся, что их нет. Являются ли эти болезненные чувства и мысли изменяющимися, временными и приходят ли из предшествующей причины, которая может быть изменена? Мой ответ в момент боли: Какая разница между конечной истиной и реальностью! Прямо сейчас, в тот момент, когда сердце страдает, мне нужно ценить «временную правду» и быть доброй и честной с самой собой. И мне нужно некоторое время чтобы почувствовать это и обработать это. В этом случае, я ценю себя, соблюдая то, как я действительно ощущаю вещи несмотря на «конечную истину». Для « Конечной Истины» есть время и место.

Однако, эта « Временная Истина» работает, если только ты делаешь следующее:

(а) Дыши через боль и помни, что твои неприятные мысли - временные. Твои имена собственные скоро превратятся в имена нарицательные. Обвинение, преследование, гнев и уныние – будут затихать! Твоя история будет иметь конец.

(б) Включи усилие в формальную надежду или молитву, и твое позитивное отношение и вера в добродетель вернется!

(в) В моменты (часы, дни, недели!) страдания и ментальных омрачений, пытайся хорошо запомнить что то, что ты чувствуешь и испытываешь – это для самой главной цели. Ты сможешь помочь другому человеку с такой же болью в будущем. Прими этот опыт, чтобы ты смог исцелить и свою боль, и боль других. Надеюсь, что ты поможешь многим, многим живым существам с такой же проблемой и, когда будешь готов, пообещай, что ты это сделаешь!

4. <u>Отдай то, что нужно тебе!</u>

Это дождь и солнечный свет для твоих семян величия. Плодородная почва (изучение Мудрости « Посадки семян») тратится зря, если у тебя нет питания, которое необходимо твоим семенам, чтобы вырасти. Так важно принять это буквально, также как и поверить. Существует много бесчисленных, креативных путей быть щедрым.

Отдай деньги, если тебе нужны деньги. Отдай дома, если тебе нужен дом. (Ты не можешь построить скворечник? Или поставить коробку с одеялом для бездомного кота?) Отдай дружбу, если тебе нужна дружба. Отдай хорошие школы, если тебе нужна хорошая школа для твоего ребенка. Да, существует много способов, как та можешь отдать деньги, даже если у тебя нет денег.

Существует много творческих, добродетельных способов отдавать вещи. Вы можете действительно отдавать вещи, даже если кажется, что у тебя их нет! (Более конкретно я поделюсь своими личными переживаниями далее).

Но «нужно» может быть очень хитрым. Посадка семян не будет работать, если то, что тебе нужно, действительно не поможет тебе и другим. Твое желание должно быть укоренено в доброте, мире и радости. Твое желание должно также иметь **три «Э»: эффективный (действенный), эффектный и экстраординарный способ принести счастье в мир.** Это зависит от тебя - найти эту коренную связь. Если ты не можешь, двигайся дальше.

(В моем плане «посадки семян» мы имеем 7 принципов воспитания и обучения с этической осознанностью, которые помогают нам понять, что значит эффективный, эффектный и экстраординарный).

Наконец, отпусти свою привязанность к тому, на что будет похожа твоя цель после ее достижения. Что тебе нужно и как это проявится после посадки семян - может быть за пределами того, на что ты когда- либо надеялся. Оставь эти подробности силам добродетели. Однако, ты ответственен за детали причин. Ты несешь ответственность за те детали, как ты приводишь Любовь, Мир и Радость в ДЕЙСТВИЕ!

Чем больше подробностей ты вкладываешь в веру, планирование и исполнение добродетели, тем более успешным ты будешь как садовник по посадке семян, и твои результаты достигнут желаемой цели.

От кого, от чего и откуда, ты веришь, что этот источник добродетели и его причины приходят, это - очень личное, сокровенное дело. Твое личное понимание причин добродетели – это то, что дает возможность тебе знать, как сделать мир лучшим местом. Но ТЫ ответственен за работу с Источником Добродетели, поэтому ты – инструмент мира в этой земной реальности.

5. Радуйся и посвящай!

Отнесись к этому шагу серьезно. Будь уверен, что твое празднование прямо связано с искренними усилиями, которые ты делаешь в посадке семян добродетели. И еще раз, чем ты более сознателен со своими причинами/усилиями, тем больше ты получишь для радости! Поливай запланированное и спонтанное от одной минуты до 24 часов торжеством в твоей ежедневной практике посадки семян добродетели. Если ты будешь следовать законам посадки семян, то тогда ты будешь действительно иметь что-то, чему радоваться!

И последнее, ПОСВЯЩАЙТЕ! Я хочу, чтобы мой ум был наполнен этими надеждами, молитвами и действиями помощи другим, чтобы мое сердце и ум были готовы опознавать возможности помогать. Это научный метод, который имеет дело с тем, как твой мозг работает в создании хороших привычек. Чем более последовательно ты посвящаешь свои хорошие усилия в посадке семян; твое планирование, приготовление, посадка, и празднование добродетели, тем более твой ум и сердце будут иметь способности делать это снова.

Найди людей, которые нуждаются в таком же исцелении и счастье. Облегчите их боль такими путями, как бы вы хотели исцелить свое собственное сердце. Как только ваше сердце исцелится, у вас будет больше возможностей давать и больше радоваться.

Вот, то, что произошло:

Когда у меня не было дома, у меня не было дома, чтобы отдать, и я действительно не знала никого еще, поэтому я не могла даже никого навестить в их доме! Однако, я была полна решимости стать художником, когда я пришла к мысли о создании дома для моего ребенка. Я начала с продуктового магазина.

Когда я столкнулась с сотрудниками в продуктовом магазине, я предположила, что они работают здесь так долго, что это место стало для них вторым домом. Я бы могла сделать их дом лучшим местом, убирая корзины, улыбаясь и ценя этот продуктовый магазин. Потом я бы посвятила эти действия добродетели нахождению безопасного дома для моего ребенка. Я делала подобные вещи в парках, и где бы мы только не ходили. Через одну неделю у нас была прекрасная квартира. Через 1 месяц – прекрасная студия, а через 6 месяцев у нас был небольшой домик 750 квадратных футов с красивым задним двором и внутренним двором, который мы разделили с другой одинокой мамой и ребенком, который считает мою дочь своей «кузиной». Бесценно.

Потом я начала встречать других людей, что привело меня к работе с группой женщин 6-10 человек. На моих внутренних и задних дворах у меня были игровые площадки, чтобы родители могли чувствовать преимущества общины. Я координировала «командные встречи», чтобы материалы для практики посадки семян для наших детей могли быть сделаны, пока наши дети играли. Я встречалась один на один с родителями, для того, чтобы изучить в деталях «План счастливых семян» для поддержки здорового и заботливого способа быть с их семьей. Когда нашим младшим детям исполнилось четыре года, моя родительская группа была готова для обучения посадки семян — очень сильное удобрение для Счастливых Семян.

Когда я отдала программы, игровые группы, и поддержку и помощь воспитателям один на один, я намеренно создавала для этих родителей с их семьями более мирный дом. Я отдавала то, что нужно было мне. Я была изменением. Я относилась к другим так, как я хотела, чтобы относились ко мне. Я хотела общину и дом для моего ребенка. Поэтому я отдавала общину и делилась моим домом.

Мой маленький дом в 750 квадратных футов не мог уже вмещать все семьи, с которыми я строила общину. Пора уже было переехать с большей общиной в большой дом. Мои семена проросли в совместное жилье с общиной площадью в один акр, где была комната творчества, игровая комната, органический сад, бассейн и джакузи, большой дом для общины и игровая площадка.

Община, с которой мы совместно проживали, обеспечила большую поддержку и заботу мне и моей дочери. Я продолжала помогать воспитателям находить дома в аренду, разделила мой дом с иностранным студентом по обмену опытом — мои старания помочь другим создать мирный и безопасный дом я посвящала благополучию моего ребенка. Вскоре арендодатель предложил продать мне дом, который я арендовала, даже обеспечивая мне ссуду, необходимую для того, чтобы я это сделала. Мы работали просто на личном доверии, никаких банков, никакого первоначального взноса.

Что касается работы, пока мой ребенок был со мной, я начала присматривать за другим ребенком. Мне нужна была работа на неполный рабочий день. Большинство рабочих мест с частичной занятостью в сфере образования были минимально оплачиваемыми. Я надеялась и молилась, чтобы найти людей, которым нужна была помощь, особенно воспитатель для младших детей. Я визуализировала, как я могла бы помочь другим и визуализировала, как бы мои герои помогли другим. (Детали!)

Я начала помогать другим в их работе бесплатно, особенно тем, у кого маленькие дети. Я их возила на машине, чтобы их мамы могли работать. Я помогала приемной маме, которая была директором - учредителем в школе «риска», работая волонтером в двух классах ее школы. Я помогала маме, у которой был в ее доме собственный детский сад. Я просто продолжала отдавать работу, делая работу других легче. Это было, пока кто-то из моей домашней общины не спросил, занималась ли я когда-нибудь репетиторством со студентами. Я начала с двух уроков в неделю с одним ребенком. Когда они спросили, как много я беру, я просто спросила их, как много они платили репетитору в прошлом году. Это было в четыре раза больше суммы, которую я зарабатывала за час.

Я продолжала сажать семена, помогая воспитателям, учителям и детям. Сейчас я работаю 20 часов в неделю, занимаясь математикой и помогая в чтении, и имею почти такой же доход, какой у меня был, когда я работала учителем на полную ставку до рождения моей дочери. Я сотрудничаю с учителями, которые добрые, заботливые и имеющие желание работать вместе, таким образом, семьи, которые мы обслуживаем, имеют пользу наиболее оптимальную. Мои два занятия в неделю превратились в 15 занятий в неделю. Три из семи семей, с которыми я работаю, имеют усыновленных детей, которые отчаянно нуждались в заботе и любви. Эти детали я воспроизводила, чтобы с ними работать, до нахождения этих семей. **И эти семьи нашли меня!** Я все еще не имею ни визитной карточки, ни брошюры, ни вебсайта. Просто семена.

Это расписанию позволило мне посвятить время проектам моей некоммерческой организации. У меня сейчас есть дюжина семей, помогающих мне создавать и представлять учебные материалы, которые нам нужны для курса обучения посадки семян, который мы практиковали дома и в школе. Моим кармическим партнером , сейчас является самый мудрый, опытный, верный друг , а также у меня есть община с полдюжины семей, которые занимаются волонтерской работой для моей некоммерческой организации. Они шьют, вяжут, собирают средства и обучаются методам посадки семян, как община, для наших детей. Чтобы посадить больше семян.

И самое главное, я могу брать мою дочь в школу, забирать ее и укладывать ее спать ночью. Я могу быть рядом и быть связанной с моей дочерью и прилагать усилие в воспитании с этической осознанностью.

Сегодня моей дочери семь лет. Мне нужно было передвигаться ближе к школе моей дочери, так как я ездила на работу 3 часа в день. Таким образом, я продала мое совместное жилье, получив ту цену, которую я просила (вы поняли - семена!)

Моей надеждой было то, что еще через 7 лет моя дочь и я смогли бы больше общаться с природой, и мы смогли бы работать вместе на земле, на которой мы жили. Вы знаете, жить в городе, но жить на ферме с зеленой травой и высокими деревьями... в пустыне. Звучит странно?

И опять, никогда не позволяйте своим человеческим тенденциям взять над вами верх! Вы больше, чем просто личность.

Мечтайте больше, сажайте больше и живите больше. Это значит, что твое сердце находится за границами твоего тела.

Сейчас мы живем на ферме в 8 акров в черте нашего города и меньше, чем в 10 минутах от школы моей дочери. (Где я сейчас провожу пилотную школьную программу ПУТЬ « Посадка семян»!)

У меня сейчас вид на горы и зеленую траву, на высокие деревья и лошадей- в пустыне! Наша « принимающая семья», которая владеет этой фермой уже почти 20 лет, вырастила своих детей здесь и очень счастливы иметь 7-летнего ребенка с лошадьми и работающим в органическом саду.

Это удивительно, как Любовь, которая заставила вырасти эти семена добродетели, является такой терпеливой, жизнерадостной и совершенно благожелательной. Почему же не иметь некоторую веру в добродетель и не растить ее?

*За границами идей делания правильно
И делания неправильно
Существует пространство.
Я встречу тебя там.*

Руми

Благодарности

Моя большая благодарность за помощь :

Вен. Лобсанг Кадинг, Кэт Эхрхорн
Кони О`Брайен, RN
Рене Миранда, MD
Вен. Лобсанг Кунга, Роберта Фанк, PA-C
Давид К. Стампф, PhD (мой любимый муж)
Энн Карри, PA- C
Жан Хенриксон, редактор Extraordinaire
Ричард Фенвик за дизайн книги
Лори Либер за дизайн обложки
Вимала Сперберг за ее иллюстрации
Кати Фенч за ее фотографию Можжевельника, собаки с ручкой, я имею ввиду жевательной игрушкой
Всем, кто поделился своими историями

Я также хочу поблагодарить Арину Финельд и ее команду переводчиков на русский:

Ирина Руднева
Натали Уткина
Татьяна Цыбулко
Инна Иванина
Мария Квитковская
Вита Придорогина

О Сарани

Сарани Стампф (или Сюзан) завершила свою более чем 20-летнюю карьеру медсестры и рефлексотерапевта чтобы упрочиться на своем духовном пути. Через 12 лет, во время 40-месячного уединенного медитационного ретрита ее профессиональный и духовный пути соединились, и к ней пришло глубокое понимание их единства. Теперь она счастлива заниматься обоими своими жизненными предназначениями, делясь мудростью истинных причин исцеления, через свои семинары и эту книгу, обучая онлайн программе Института Азиатской Классики древней мудрости и обычаиев. Она живет со своим любимым мужем, Дэвидом, в высокогорной пустыне Аризоны.

Джэн Хенриксон, имела удовольствие быть книжным шерпа для многих устремленных мужчин и женщин, таких как Раи Джейкоб, автора « Акупунктура для твоей души» и Пэидж Валдисери, автора « Красной сумки». Ее жизнь обогащается сопровождением авторов в движении их книг от мечты до проекта и до завершенных рукописей, которые также обогащают жизни их читателей. Какая радость быть погруженным в учения, которыми Сарахни делится в этой книге, что ты читаешь прямо сейчас. Вы можете легко установить контакт с Джен по janlight13@gmail.com.

Вимала Стерберг: Несмотря на степень магистра в области морской геологии, любовь Вималы к искусству и мастерству художника продвинула ее 10-летнюю карьеру владельца Мини Ферзт галерею в Сохо, Манхеттене, Нью Йорке. Духовный путь, которому она следовала, забрал ее из той жизни. Но ее навыки рисования позволяют ей помогать другим усовершенствовать их медитативные визуализации и, конечно, тонко настроить свои собственные. Ее простой стиль – привлекателен. В данный момент она активно курирует медитационные художественные выставки.

Вимала также является соучредителем «Нити Мудрости», благотворительного фонда поддержки женщин -беженцев , которая обучает, как сшивать обложки для древних текстах мудрости, давая этим женщинам шанс легально работать, таким образом , интегрируя в свое сообщество. Для большей информации по этому проекту, пожалуйста, посмотрите www.threadsofwisdomproject.org.

Ричард Фэнвик выполняет печатные и электронные макеты дизайна для авторов и работает переводчиком с русского для пострадавших после Холокоста из бывшего Советского Союза. Его поэзия была представлена в четвертьфиналах, таких как «Rattle», «Ежеквартальный обзор Вирджинии»,

«Обзор Адирондак», и его первый сборник поэзии «Вокруг солнца без паруса» был опубликован в 2012. Его второй сборник «Необычные печали» был опубликован в 2018. Легко установить контакт с Ричардом по fenwickpoems@gmail.com.

www.ingramcontent.com/pod-product-compliance
Lightning Source LLC
Chambersburg PA
CBHW071358290426
44108CB00014B/1603